Klaas Huizing, Horst F. Rupp (Hg.)

Medientheorie und Medientheologie

D1722137

Symbol – Mythos – Medien

herausgegeben von

Prof. Dr. Dr. Klaas Huizing (Universität Würzburg)
Prof. Dr. Michael Meyer-Blanck (Universität Bonn)
Prof. Dr. Dr. Hermann Timm (Universität München)

Band 7

LIT

Klaas Huizing, Horst F. Rupp (Hg.)

Medientheorie und Medientheologie

LIT

Bibliografische Information Der Deutschen Bibliothek
Die Deutsche Bibliothek verzeichnet diese Publikation in der Deutschen
Nationalbibliografie; detaillierte bibliografische Daten sind im Internet
über http://dnb.ddb.de abrufbar.

© LIT VERLAG Münster 2003
Grevener Str./Fresnostr. 2 48159 Münster
Tel. 0251–23 50 91 Fax 0251–23 19 72
e-Mail: lit@lit-verlag.de http://www.lit-verlag.de

Inhaltsverzeichnis

Am Anfang war das Medium

Es gibt eine soziologische Promiskuität. Die Gesellschaft, der Name allein legt Kontakte nahe, sucht sich ständig neue Nominalpartner. Atemberaubend viele Ehen - oder auch Mesalliancen - sind allein in der letzten Dekade geschlossen worden: Risiko-Gesellschaft; Wissens-Gesellschaft; Options-Gesellschaft; Spaß-Gesellschaft; Erlebnis-Gesellschaft; Inszenierungs-Gesellschaft oder eben Medien-Gesellschaft. Man darf davon ausgehen, dass die letztgenannte Verbindung hält, vielleicht sogar eine Verbindung für ein ganzes Forscherleben bietet, denn unter dem Stichwort der Mediengesellschaft verbirgt sich mehr als eine soziologische Momentaufnahme, nämlich eine fundamentalanthropologische Einsicht: Der Mensch ist ein Medienwesen. Schon immer waren sein Selbstverständnis und sein Weltumgang durch Werkzeug, Wort, Schrift und Bild – kurz: durch Medien vermittelt.

Der ursprüngliche Sitz im Leben des Begriffs *Medium* ist die (wie auch immer beleumundete) Inspirationstopik: Zunächst ist damit der Dichter gemeint, der von den Musen geküsst wird. Erst relativ spät wird der Begriff des Mediums dann zum spiritistischen Medium enggeführt: Menschen als Medien, um mit Verstorbenen in Kontakt treten zu können. (Vgl. neben der berühmten Szene in Thomas Manns *Zauberberg* den Roman von Antonia S. Byatt: *Geisterbeschwörung.* Beide Romane beschreiben mit sehr viel Humor den Spiritismus als Metaphysik für dumme Kerle und Weiber.) Zweitens wurden bis ins 19. Jahrhundert hinein unter Medien zumeist die Elemente verstanden: „Feuer, Wasser, Erde, Luft"[1], einschließlich der religiösen Besetzung: Gott offenbart sich im Feuer; der Geist, hebräisch: die Ruach, ist ein Windhauch; der Mensch ist ein von Gott geformter Erdling und reinigt sich von den Sünden durch das Wasser[2]. Die heute übliche Bedeutungsverschiebung im Begriff des Mediums hin zu den materialen Grundlagen der Kommunikation, die Unterscheidung zwischen Speichermedien (Bücher, Videos, CDs), Übertragungsmedien (Post, Telefon, E-mail) oder Datenverarbeitung ist späten Datums. Durchgesetzt hat sich die Unterscheidung zwischen pri-

---

[1] Gernot Böhme/Hartmut Böhme: Feuer, Wasser, Erde, Luft. München 1996.

[2] Jochen Hörisch: Ende der Vorstellung. Die Poesie der Medien. Frankfurt a.M. 1999.

mären, sekundären und tertiären Medien[3]: Primär sind Kommunikations-
prozesse, die ohne technische Medien auskommen, etwa in der Kommunikation zwischen Säugling und Mutter, sekundär solche, die auf der Sender-
seite ein Medium benutzen (Rauchzeichen, Buch etc.) und tertiär die, die
sowohl auf der Sender- als auch auf der Empfängerseite einen Medieneinsatz
verlangen (Aufnahme und Abspielen einer CD etwa).

Inzwischen hat sich eine eigene Medienwissenschaft etabliert. Eröffnet
hat den medienontologischen Diskurs der Kanadier Herbert Marshall McLu-
han (1911-1980). Stichworte wie *The Gutenberg-Galaxis*, *The medium ist
the message*, *Medien als Körperextensionen* oder *The Global Village* (mit
Bruce R. Powers) umreißen den Basic-Code der modernen Medienontologie.
Nahezu alle Themen werden vom Übervater der modernen Mediendebatte
präludiert.

Seit ihren wissenschaftlichen Anfängen wird die Debatte immer begleitet
von apokalyptischen Warnern und enthusiasmierten Jüngern. Stilistisch
unübertroffenen sind die Traversalen des apokalyptischen Reiters Günther
Anders. Stilistisch nicht ganz so begabt, gibt bis heute vor allem Neil
Postman seinem apokalyptischen Steckenpferdchen immer wieder die Gerte.
Ganz anders die Euphoriker. Mit vor Aufregung roten Ohren saß etwa der
Tscheche Vilém Flusser lebenslang vor den Geräten. Jochen Hörisch, von
Hause aus Germanist, nun zur Medienwissenschaft konvertiert, bedenkt die
neuen Medien mit nahezu soteriologischem Gestus. Unzweideutig bekennt
er: „Medientheorie ist nur als Revenant der Theologie möglich."[4] Pate dieser
Auffassung ist Siegfried Krakauers Buch *Theorie des Films* mit dem mar-
kanten Untertitel: *Die Errettung der äußeren Wirklichkeit*, eine These, die
im Zuge einer freundlichen Übernahme eingemeindet wird. Der Mittelteil
von Hörischs Buch ,Ende der Vorstellung' heißt deshalb auch: *Vom Sinn zu
den Sinnen - Die Erlösung der Physis*. Was er der Literatur und der schrift-
hörigen Theologie vorrechnet, ist ihre heimliche Gnosis-Anfälligkeit. „Um
es auf eine Formel zu bringen: Je buch- und schrift-höriger ein Geist ist,
desto Gnosis-anfälliger ist er. Und Gnosis-anfällig-sein heißt: im Namen des
reinen Geistes Materie tilgen wollen, zum Verschwinden-bringen-wollen,

---

[3]   Harry Pross: Medienforschung – Film, Funk, Presse, Fernsehen. Darmstadt
      1972.
[4]   Vgl. Fußnote 2.

was sich anschauen und betasten läßt, für Sinn jeden, aber auch jeden Preis zu zahlen bereit sein." (86) Die audiovisuellen Medien (analoge wie digitale) affizieren dagegen die Sinne der Zuschauer, bevor die Frage nach dem Sinn aufkommt. „Alles ist so, wie es ist. Die AV-Medien sind in diesem Sinne antimetaphysische, neobuddhistische Maschinen." (87) In einer Hinsicht geht Hörisch über Kracauer hinaus: Die analogen audiovisuellen Medien retten das Reale, das durch das Buch-Medium zugunsten des Sinns geopfert wurde, sind media salutis im neuen Sinne, die digitalen audiovisuellen Medien dagegen erretten nicht etwa nur die Wirklichkeit, sondern machen oder erzeugen sie: „Siehe, sie machen alles neu." (1999, 213)

Soweit ist Hörisch zuzustimmen: Wenn es um die Frage geht, wer eigentlich für sich in Anspruch nehmen darf, die älteste Medienwissenschaft betrieben zu haben, dann hat die (christliche) Theologie von Hause aus gute Karten. „Christologie ist ab ovo Mediologie" – sagt Hörisch unumwunden[5]. Religion überhaupt ist „per definitionem auf Kommunikations- und Medienprobleme der anspruchsvollsten Art spezialisiert: Wie kann – je nach dem Design der Religion – sich ein transzendenter Gott (...) den sterblichen und kontingenten Menschen verständlich machen? (...) Religion (...) ist eines gewiß nicht: das Andere der Medien. Und das schon deshalb nicht, weil sich Medientechnik und Theologie demselben Kerngeschäft verschrieben haben: das Ferne und noch das Fernste nahezubringen" (312f.) Deshalb auch macht es guten Sinn, sich als Theologe dem Medienthema zu verschreiben.

Seit ihren Anfängen ist die christliche Theologie in der Tat eine hochgradig reflektierte Schrift-Medienwissenschaft gewesen, spätestens bei Paulus wird sie es explizit, wenn er gegen die immer noch latente, von Platon herrührende Schriftfeindlichkeit der Philosophie seiner Epoche die Schrift zu einem Heilsmedium ernennt. Die zweite Schwellenepoche des Christentums, die Reformation, schreibt den revolutionären medientheoretischen Bruch mit dem Platonismus gegen die katholische - nicht nur latent platonische - Überzeugung, ein Lehramt habe über die Deutung der Texte zu wachen, durch die Formel *sola scriptura*, allein durch die Schrift, fest. Spätestens seit der Allianz zwischen Luther und Gutenberg, zwischen Bibelübersetzung und Bibeldruck, ist der Protestantismus eine dezidierte Medien-

---

[5]   Jochen Hörisch: Der Sinn und die Sinne. Eine Geschichte der Medien. Frankfurt a.M. 2001. S. 53.

religion. Gegründet auf das Prinzip 'sola scriptura' gestaltet er sich als Schrift- und Buchreligion. Protestanten sind (kreative) Leser!

Hat der Protestantismus aber mit dem eingeläuteten Ende der Gutenbergzeit nicht ein medientheoretisches Problem? Die Betonung des 'nur' im 'sola scriptura' wirkt angesichts der neuen Medien heute wie eine Engführung. Wie also überwintert eine protestantische Lesekultur in Zeiten der neuen Multi-Medien-Kultur? Wenn, wie Jochen Hörisch behauptet, das Buch „unter den Bedingungen der entfalteten Medienkonkurrenz (...) in medienhistorischer Perspektive (...) auf dem Stand der frühen Neuzeit"[6] verharrt, dann ist der Protestantismus hoffnungslos unzeitgemäß. Möglichkeiten und Grenzen der neuen Medien für die Theologie und Religionspädagogik werden die beiden Herausgeber in ihren Beiträgen ausloten.

Mit diesen Beiträgen macht die Theologie ein Angebot im Netzwerk der interdisziplinär arbeitenden Medienwissenschaft. Wissenschaft lebt von (medialen) Vernetzungen. In diesem ersten Würzburger Mediensymposion wird die Bedeutung der Medien für das Selbstverständnis des Menschen deshalb aus unterschiedlichen Perspektiven aufgerollt. Der Einstieg gehört den theoriegesättigten Praktikern, jenen glücklichen Menschen, die nicht nur über ihr Medium reflektieren, sondern es aktiv gestalten, Martin Scherer als Focus-Redakteur, Arnd Brummer als Chefredakteur von Chrismon, Dominik Bachmair als Pro-Sieben-Fernsehredakteur, Moritz Holfelder als Radioredakteur und Matthias Rath, aktiv beim Internetanbieter BOL engagiert, mit einer philosophischen Aufarbeitung der Internetkultur.

Als Rahmen zwei Vorträge. Raffael Capurro spricht über die digitale Lebenskunst. Ein wunderbares Thema für den Abschluss. Den Reigen eröffnet Claudia Schmölders mit einem Vortrag über das Gesicht als Medium.

Ausgehend von der Beobachtung, dass in avancierten Medientheorien das Gesicht nirgends Thema ist, kommt CLAUDIA SCHMÖLDERS in ihrem facettenreichen Text ‚Himmlische Leinwand – irdisches Fenster' zu der Einsicht, dass sich zwar das Gesicht nach der bekannten (s.o.) Einteilung von Harry Pross primären, sekundären und tertiären Medien zuordnen lasse, aber gleichwohl weniger als Medium denn als das Gesicht *in* den Medien eine herausragende Rolle spiele. „Orientierung muss wohl das Stichwort heißen,

---

6   Vgl. Fußnote 2. S. 124f.

mit dessen Hilfe das Gesicht von den Medien zu unterscheiden, ja diesen sogar entgegenzusetzen wäre. Definiert man ein Medium als Technik von Informationsverbreitung und –vervielfältigung, so leistet die faziale Heuristik genau das Gegenteil: sie vereinfältigt und singularisiert massenhafte Information zwecks Orientierung."

Eine Feier der ziellosen Lektüre veranstaltet MARTIN SCHERER in dem Beitrag ‚Der Leser als Flaneur. Von der Verlangsamung der Welt beim Blättern'. Souverän nennt Scherer jenen müßigen Medienumgang, in dem der Leser durch Texte flaniert, sich aus der „Verstrickug in Zwecke und Ziele" befreit und „in ein beglückendes Stromerlebnis eintaucht". Große Spaziergänger wie Franz Hessel (Spazieren in Berlin) und große Leserinnen wie Gesine Cresspahl in Uwe Johnsons ‚Jahrestage' sind mehr als wahlverwandt: beide sind Sammler. „Das Blättern ist keine Zerstreuung, es ist vielmehr eine heimliche Weise der Sammlung. Die Medien werden, so wie der Flaneur sie wahrnimmt, zum Medium seiner selbst. Sie erinnern ihn an seinen Möglichkeitssinn, an sein irdisches Jenseits – an das Heimliche, Unausdrückliche, Aufgeschobene oder Gärende also."

ARND BRUMMER, Chefredakteur des evangelischen Magazins *chrismon*, nähert sich dem Thema aus Sicht des praktischen Journalisten und macht auf die unbefriedigende Alternative zwischen religionskritischem Enthüllungsjournalismus und kirchlicher Verlautbarungsreligion aufmerksam. Im Gegenzug skizziert er seine Vorstellungen von einem alltagsnahen und erfahrungsorientierten Religionsjournalismus. Die *Mission possible* dieses Programms beschreibt er als sprachliche Navigation zwischen der Skylla einer kritischen Enthüllung des Irrationalen und der Charybdis einer naiven Affirmierung des Banalen. Religion habe in den Medien vielmehr dort ihren Ort, wo sie dem auf Zweckrationalität eingeschworenen Realitätsprinzip die Sinnfrage und die Integrität des individuellen Lebens entgegenhält. Dies wird vor allem durch „das Erzählen authentischer Geschichten von echten Menschen" erreicht. Weil Glaubensgemeinschaften nur als Erzählgemeinschaften Bestand haben, erschließt sich im authentischen Erzählen die Bedeutung von Mythen, Ritualen und Beschwörungen unterschiedlichster religiöser Traditionen für die eigene Lebensführung.

Fernsehen muss immer unterhaltsam sein, und wer es als oberflächlich und voyeuristisch kritisiert, wer statt leicht verständlicher Slogans differenzierte Berichterstattung erwartet, wird dem Medium Fernsehen nicht gerecht, weil er dessen eigene Regeln nicht in Betracht zieht. Ausgehend von dieser These erläutert DOMINIK BACHMAIR, wie die Unterhaltung zuerst das Fernsehen und dann darüber hinaus auch andere Bereiche wie z.B. die Politik erobert hat. Anhand einer Quotenanalyse einiger deutscher Fernsehsender weist Bachmair nach, wie für bestimmte Zielgruppen Kommunikation im Fernsehen gar nur unter den Voraussetzungen von Entertainment möglich ist. Schließlich spricht der Autor über die Herausforderungen und Schwierigkeiten, mit denen sich Medienmacher und Journalisten in der Praxis konfrontiert sehen, und konturiert einige Bedingungen für eine gelingende Fernsehkommunikation.

Das Internet darf als „Mutter aller Medien" gelten, da in ihm allein die Definitionsmacht darüber liegt, was als Medium überhaupt gelten kann. MATTHIAS RATH umreißt einige Grundcharakteristiken, die Medialität schlechthin ausmachen: Medien als Ver-Mittler einer Botschaft gestalten das Vermittelte schon mit und sind zugleich Barrieren der Vermittlung; dem Internet kommt dabei die Rolle eines Meta-Mediums zu, weil es zugleich der Ort anderer Medien ist, die in das Internet integriert werden und dabei eine Wesensveränderung erfahren. Diese Integration geschieht in technischer, temporärer, ästhetischer und inhaltlicher Hinsicht und führt als universale Integration in der Konsequenz zu einer universalen Globalisierung mit je neuen spezifischen Fragestellungen. Für eine angemessene Medienethik ist schließlich ein grundlegender Perspektivenwechsel vonnöten, da Regulierungen dieser medialen Prozesse nur noch von den Protagonisten dieses Globalisierungsprozesses selbst umgesetzt werden können.

In seiner medientheologischen Retrospektive geht HERMANN TIMM der engen Verflechtung von religiösen Reformationen und medialen Revolutionen nach, die seit dem epochalen Junktim zwischen dem Mainzer Drucker Gutenberg und dem Wittenberger Professor Luther für das neuzeitliche Christentum charakteristisch ist. Timms pointierte These läuft auf die medientheologische Elementargleichung Liberalisierung = Libralisierung hinaus. Demnach verdankt sich das Priestertum aller Gläubigen nicht zuletzt der Popularität der deutschsprachigen Printliteratur, die protestantische *libertas christiana* der frühneuzeitlichen *Preßfreiheit*. Im medientheologischen Konflikt zwischen protestantischer Schriftverbreitung und breitenwirksamer Alphabetisierung einerseits, sowie katholischem Index- und Zäsurwesen andererseits bilden die beiden großen „Schriftparteien" nicht nur eine unterschiedliche Religionskultur, sondern auch ein „konfessionell unterschiedliches Buchklima" aus, das sich im Leseverhalten bis in die Gegenwart niederschlägt. Für den bibliophilen Medienprotestantismus hat sich die Rede vom „Ende des Buchzeitalters" deshalb als falsche Prophetie erwiesen. Hier gilt das Buch nach wie vor als das individuelle Allgemeine. Publiziert für die *communio sanctorum* des Lesepublikums geleitet es das fromme Individuum in die private Klausur, wo es sich das Heil erliest.

In seinem Essay ‚Legenden der Leidenschaft' schlägt KLAAS HUIZING zunächst einen religions-ästhetischen Medienbegriff vor: literarische Medien sind Eindrucksverstärker und audiovisuelle Medien in ihrer synästhetischen Präsenz ausgezeichnete Eindrucksverstärker. Theologie als ästhetische Theologie ist dann eine kritische Eindruckskunde, die die neuen ‚Heiligen' auf die Lebensdeutung befragt, die sich in dem Eindruck, den sie darstellen, verdichten. Huizing interessiert vor allem, wie in Filmen kreative Neuformationen christlicher Lebensdeutung als Legenden körpersprachlich Gestalt gewinnen und Orientierung bieten. An dem Film ‚Truman-Show' zeigt er, wie der Film die Legende vom wahren, sprich: authentischen Menschen in einem totalitären Medienkosmos einfängt und damit die Christentumsgeschichte eindrucksvoll weiter führt.

MARKUS BUNTFUß rollt das Projekt einer künftigen Medientheologie von dem allfälligen Problem religiöser Zuschreibungen auf und plädiert für eine am Paradigma des Ästhetischen orientierte Vermittlungstheologie, die sowohl den lebensweltlichen Phänomenen als auch den traditionellen Symbolbeständen der geschichtlichen Religionen gerecht zu werden vermag. Zu diesem Zweck skizziert er eine methodische Pendelbewegung zwischen historisch-kulturgeschichtlicher Identifikation und hermeneutisch-struktualer Interpretation medial-religiöser Symbolisierungsprozesse. Medientheologie, so die These, verstehe sich recht als historisch-phänomenologische Hermeneutik religiöser Artikulationen in medialen Inszenierungen.

Wenn HORST F. RUPP postuliert, dass die neuen popularkulturellen Phänomene ebenso wie biblische Erzähltraditionen mediale Mythen darstellen, so lassen sich bestimmte Gemeinsamkeiten zwischen biblischen Geschichten und Medien konstatieren. Der Autor stellt in 12 Thesen religionspädagogische Dimensionen der Medienthematik dar, wobei die Forderung aufgestellt wird, dass die Texte durch ihre Entmythologisierung infolge der Verschriftlichung wieder in ihrer ursprünglichen Intention wahrzunehmen sind, um somit die mythische Struktur zu dekodieren. So ist es vornehmliche Aufgabe religionspädagogischen Handelns, die mediale Welt der Jugendlichen ernst zu nehmen und mit den religionspädagogischen Vermittlungs- und Bildungsbemühungen zu verschränken.

RAFAEL CAPURRO wirft in seinen philosophischen Ansätzen zur Begründung einer Netzethik die Frage nach dem Ort der heutigen Reflexion über die Grenzen des digitalen Weltentwurfs im allgemeinen und der Weltvernetzung im besonderen auf und versucht eine Begründung für eine Informationsethik oder Netzethik zu entwickeln. Hierbei wird das Phänomen eines digitalen Weltentwurfs vorausgesetzt, sprich das Leben in einer global digitalisiert-vernetzten Welt, die durch ständige digitale Verfügbarkeit und die Aufhebung aller raum-zeitlichen Grenzen charakterisiert ist. Hier sieht der Autor den Ansatzpunkt einer netzethischen Reflexion, die sich mit dem Zusammenspiel digitaler Handlungen im Netz und dem leiblichen Miteinandersein der Menschen - dem Überschreiten geographischer oder kultureller Grenzen des Im-Netz-Seins - beschäftigen muss.

Wir haben vielfachen Grund zu danken. Korrektur gelesen und bei der Erstellung der Druckvorlage haben tatkräftig mitgeholfen die wissenschaftliche Mitarbeiterin Dr. Angela Volkmann, die wissenschaftlichen Mitarbeiter PD Dr. Markus Buntfuß und Lars Bednorz, die Sekretärin Renate Wunram, die studentischen Hilfskräfte Ulrike Karl und Esther Keller.
Wir danken dem Landeskirchenamt der Evangelisch-Lutherischen Kirche in Bayern sehr herzlich für einen namhaften Druckkostenzuschuss.

Klaas Huzing, Horst F. Rupp

Claudia Schmölders

Himmlische Leinwand – irdisches Fenster.
Das Gesicht als Medium?

Zu den auffälligsten zeitgenössischen Denkzwängen gehört die fieberhafte Verfolgung der Medientechnik durch die Wissenschaft von den Medien. Nicht anders als Jules Verne einmal die Waffendialektik zwischen defensiven Schiffen und angreifenden Kanonen beschrieb, rüsten Produzenten und Konsumenten im Gebiet der Information gegenläufig hoch. So verständlich nun aber das Bedürfnis ist, sich in der Position des zwar manipulierten, aber doch reflektierenden Kommunikators lebensweltlich einzurichten, so weit schießt die mediale Reflektion darüber hinaus. Offenbar darf keine traditionelle Disziplin heute mehr ohne medienwissenschaftliche Brechung arbeiten: weder die Anthropologie, noch die sozialwissenschaftlichen Fächer, noch die Philologien. Schon wird, in auffälliger Nähe zu schizophrenen Entgleisungen, der ganze Mensch zum Medium erklärt, zur schieren Schnittstelle von Informationsflüssen. Und längst arbeitet man neben der Medien- auch an einer eigenen Bildwissenschaft und allgemeinen „Visual Studies", im Kampf um das Deutungsmonopol der visuellen Wahrnehmung. Denn die meisten derartigen Erörterungen handeln von visueller Wahrnehmung, nicht von akustischer oder taktiler. Zwar war auch die ältere Literatur- und Bibelwissenschaft immer schon Medienkunde, doch wurde sie bekanntlich nicht als Technik-, sondern als Hermeneutik und also als Kommunikations-Geschichte gelehrt.

Zu behaupten, dass in diesem Diskurs das Gesicht eine besondere Rolle spielt, und dass wiederum das Gesicht in *physiognomischer* Wahrnehmung erst recht eine andere Perspektive verlangt, kann kaum überraschen. Schließlich hat diese Wahrnehmung die ältesten Ansprüche auf den Titel einer visuellen Wissenschaft, selbst wenn es keine Wissenschaft war, sondern sich zu dieser verhielt wie die Astrologie zur Astronomie. Die hier zur Debatte gestellte Physiognomik als Deutung der erscheinenden Körperwelt ist keine rein europäische Disziplin, es gibt ähnliche Fragestellungen auch in Asien, Australien, im Orient und bei den Indianern. Aber anders als diese Kulturen haben die Europäer die Sache weiterentwickelt und versucht, eine

Wissenschaft daraus zu machen, die inzwischen, wie auch die Astrologie, Gegenstand der Wissenschaftsgeschichte wird. „Ich werde jetzt die Bereiche nennen", heißt es in der Aristoteles zugeschriebenen Abhandlung namens *Physiognomonika* aus dem dritten vorchristlichen Jahrhundert, „aus denen die Zeichen genommen werden, und zwar vollständig: aus der Bewegung zieht man in der Physiognomik Schlüsse und aus der Haltung, aus der Farbe, aus dem Gesichtsausdruck, aus dem Haar, aus der Glätte der Haut, aus der Stimme, aus dem Fleisch, aus den Körperteilen und aus der Gestalt des ganzen Körpers"[1].

Besser könnte man die bis heute unverändert praktizierte alltagsweltliche Art und Weise der physiognomischen Wahrnehmung nicht beschreiben. Sie zu historisieren, würde eine unnötige und unergiebige Problematisierung bedeuten. Läßt man die Urheberfrage hier einmal beiseite, so besagt diese Grundsatzerklärung folgendes: Physiognomik in diesem griechischen Verstande gilt einem lebenden Geschöpf und ist nicht auf das Gesicht beschränkt, schließt vielmehr Körpersprache und Stimme ein, und man darf ergänzen: auch den Geruch.

An der aristotelischen Definition als Arbeitshypothese festhalten, heißt nun freilich wissenschaftshistorisch, zweierlei Entscheidungen gefällt zu haben. Wer sich an die lebendige Erscheinung hält, kann nicht die Totenmaske zum zentralen Paradigma der Physiognomik erklären; und muss, bedauerlicherweise, auf Platon verzichten. Er muss dessen berühmte Schilderung des schönen erotischen Gesichts im Dialog *Phaidros* der Ästhetik zuschlagen, mindestens aber der philosophischen Physiognomik. In deren Ideengeschichte bis hin zu Peter Sloterdijk gibt es in der Tat einen ununterbrochenen Diskurs über das schöne Gesicht und dessen erotische Wirkungen; während man parallel dazu, und in beständigem Widerspruch zu physiognomischen Grundsätzen, das hässliche Gesicht des Sokrates verhandelt, dem nicht nur Montaigne eine schöne Seele zugestand, während Nietzsche ihm lebenslang zürnte.

An der (pseudo)aristotelischen Definition festhalten heißt zweitens, sich auf die zoographischen Partien dieses Textes einlassen und auf die animalische Vorgeschichte der fazialen Urteilskraft. Die meisten Beobachtungen im

---

[1] Aristoteles: Physiognomonica. Übersetzt und kommentiert von Sabine Vogt. Darmstadt 1999. S. 14.

zitierten Text, Version A, beziehen sich auf den Vergleich der Affekte und Einstellungen bei Mensch und Tier, ausgemacht an einzelnen Details. Stumpfe Nase, Hirsch und Wollust gehen zum Beispiel eine emblematische Beziehung ein; Sokrates wurde so assoziiert; die Tierwelt bildet mithin für das physiognomische Argumentieren ein topisches Reservoir. Vom Gesicht ist in diesem animalischen Feld keine Rede, weil es meist keine Mimik zeigt und von Tieren zwecks Sicherung nicht unbedingt wahrgenommen werden muss; es genügt ja ein Detail, ein Schwanz, eine Feder, ein Schnabel etc., um zu gewärtigen, ob das plötzlich auftauchende Tier gefährlich ist oder nicht.

Diese zuletzt genannte Fragestellung hat jedenfalls Ernst Gombrich zur physiognomischen Chefsache erklärt. Wer die Menschen auf ein Freund- oder Feindgesicht hin betrachtet, überträgt ein unter Tieren völlig übliches Gebaren auf homo sapiens, dessen unterschiedliche Verhaltensweisen bekanntlich nicht ohne weiteres erkennbar sind, dessen Phänotyp aber doch für einen geschulten Blick in mannigfaltige Unterarten zerfällt oder zerfallen sollte, jedenfalls nach tierweltlichem Vorbild.

Nun ist der schmale Text der *Physiognomonika* kein Beitrag zur empirischen Tierkunde, wie andere Schriften von Aristoteles, sondern zur normativen Physiognomik. Die vorbildliche Kreatur im Zentrum des Textes ist, das verwundert kaum, ein Vertreter männlichen Geschlechts, ein Löwe: „Denn er hat ein Maul von guter Größe; ein ziemlich viereckiges, nicht zu knochiges Gesicht; die obere Kinnlade nicht hervorstehend, sondern der unteren gleichgestellt; die Nase eher dick als dünn; dunkelbraune, tiefliegende Augen, die nicht sehr rund, aber auch nicht zu oval und von mittlerer Größe sind; Augenbrauen von guter Größe; eine viereckige Stirn, die in der Mitte leicht vertieft ist, sich aber an der unteren Stirnseite zu den Augenbrauen und zur Nase hin wie eine Wolke vorwölbt. Oben an der Stirn entlang der Nase hat er nach außen gedrehte Haare wie eine Tolle; einen mittelgroßen Kopf; einen Hals von guter Länge, der in der Dicke entsprechend proportioniert und mit blonden Haaren bedeckt ist, die sich nicht sträuben, aber auch nicht zu sehr anliegen; der Bereich um die Schlüsselbeine eher locker als zusammengepreßt; kraftvolle Schultern; eine jugendliche Brust und entsprechend einen breiten Schultergürtel mit gutem Brustkorb und gutem Rücken; an der Hüfte und an den Oberschenkeln ein eher nicht fleischiges Tier; kräftige und sehnige Beine und einen kraftvollen Gang; und den ganzen Körper gelenkig und sehnig, weder zu trocken noch zu feucht. Er schreitet langsam, macht große Schritte und wiegt sich in den Schultern, wenn er geht. Was also den Körper betrifft, ist er von solcher Art; was aber andererseits die Seele betrifft: freigebig und edel, großgesinnt und auf Sieg bedacht, aber auch sanft, gerecht und denen, mit denen er zu tun hat, liebevoll zugetan"[2].

So lautet ein locus classicus epideiktischer Rede auf das männliche Geschlecht, wie sie sonst nur zum Lobpreis vorbildlicher Menschen gehalten wird. Doch hier geht es um kreatürliches Leben einerseits und um die aristotelische Tugendlehre andererseits. Der Löwe in lebendiger Gestalt wird lehrbuchartig vorgestellt als ein Muster des rechten Maßes und der Großgesinntheit. Auf den im Text folgenden Auftritt des Panthers, den der unbekannte Autor als Inbegriff des weiblichen Charakters schildert, will ich hier aus guten Gründen verzichten. Er kommt allzu negativ weg. Aber die Polarisierung ist wichtig. Schon in diesem ältesten Traktat gibt es das Körperbild eines Paares, Bilder vom guten und vom bösen Geschöpf. Beide haben eine ikonische Tradition: besonders der Löwe hat nicht nur in Europa einen festen Platz in der Herrscherikonographie. Und wie der Löwe, so stehen natürlich auch die andern Text-Tiere – Esel, Schaf, Hase, Hirsch, Leopard, Vogel, Affe, Hund und so fort – in einer topischen Tradition, die es weltweit, auch in China und Indien gibt und die europäischerseits von Aesops Fabeln kräftig unterstützt wird.

Die doppelte Orientierung der Physiognomik sowohl an der aristotelischen Tugend– und Affektenlehre wie auch an der emblematischen Tierwelt hat ihrerseits Geschichte gemacht. Noch der berühmte Hofmaler von Ludwig XIV., Charles Le Brun, hat sich in die Tradition der Physiognomik mit zwei überaus einflussreichen Bild-Traktaten eingeschrieben: einem zur Affektenlehre, also zur Mimik, und einem zur Tierphysiognomik, also zum Körperbau[3]. Aus der rhetorischen Lebenswissenschaft wird nun, unter der Hand des großen Malers, Kunst; aber aus der Kunst wird auch sofort wieder

---

[2]   Zit. nach Claudia Schmölders: Das Vorurteil im Leibe. Eine Einführung in die Physiognomik. 2. Auflage. Berlin 1997. S. 175.

[3]   Es handelt sich um die beiden Vorträge vor der Academie von 1668 und 1698 über den Gesichtsausdruck einerseits, die Tiervergleichbarkeit andererseits, die beide reich illustriert erst im 18. bzw. 19. Jahrhundert erschienen. Vgl. Claudia Schmölders. Vorurteil. a.a.O. S. 247f.

Biologie. Denn gerade die Verbildlichung der Physiognomik, also ihre Medialisierung im konkreten Sinn des Wortes, lässt die metaphorische Basis des Tier-Mensch-Vergleichs aus dem Bewusstsein verschwinden. Wessen Profil gezeichnet neben dem Kopf eines Adlers erscheint, der sieht eben einem Adler ähnlich und nicht der Idee eines Adlers. Der holländische Neuroanatom Peter Camper wird im 18. Jahrhundert anhand der Tierprofile eine Evolutionsgeschichte zeichnen[4], und Charles Darwin wird keinen Anlass mehr finden, metaphorisch über menschliche und animalische Mimik zu sprechen.

Dennoch hat das topische Klassifikationssystem Schule gemacht, das Denken in physiognomischen Typen sanktioniert. Da ist zum einen die medizinisch-astrologische Tradition der Temperamentenlehre mit der Quadratur physiognomischer Typen: Choleriker, Sanguiniker, Melancholiker und Pykniker. Sie alle haben eine charakteristische Physiognomie und Mimik, schränken aber den typologischen Reichtum, der zuvor mit der bildspendenden Tierwelt assoziiert war, enorm ein. Für die visuellen Künste sind die Temperamente eher langweilig; nicht aber die Tiere. Lavater nimmt Tierphysiognomik in sein Buch auf, angeregt von Goethe, noch gegen Ende des 19. Jahrhunderts erscheint vom Dänen Sophus Schack ein Werk über Tierphysiognomik[6], und kein geringerer als Theodor Lessing wird noch im 20. Jahrhundert mit Wonne kleine satirische Essays über zoomorphe Charaktere verfassen[7]. Ja, genau besehen lebt die ganze Kunstgattung der Karikatur von der zoomorphen Physiognomik – man denke an die Karikatur seit der Frühen Neuzeit, im Umkreis der Französischen Revolution, oder unter Hitler[8].

Karikaturen machen sich das sonderbare Gesicht als solches zunutze, suchen die kennzeichnende, eigentümliche Gestalt oder Gebärde. Sie folgen einer neuronalen Strategie, Gesichter anhand von fixen Merkmalen zu erin-

---

[4] A.a.O. S. 195f.

[5] Vgl. Charles Darwin: Über den Ausdruck der Gemüthsbewegungen bei dem Menschen und den Tieren. Stuttgart 1872.

[6] Sophus Schack: Physiognomische Studien. 2 Bde. Mit 127 Illustrationen. Jena 1881.

[7] Theodor Lessing: Charakterologie. Halle 1926.

[8] Claudia Schmölders: Hitlers Gesicht. Eine physiognomische Biographie. München 2000. Kap. „Schreckbilder".

18

nern. Diese Merkmale können entweder vom Körperbau oder von seiner Inszenierung oder von seinem expressiven Habitus stammen. Hitlers Gesicht war allein an dessen Inszenierung mit Schmachtlocke und Bürste erkennbar. Doch ist der karikierte Mensch noch ein Mensch? Nach Auskunft des klassischen Kunstwissenschaftlers Luca Giuliani hat das Verhältnis von Gesicht und Affektausdruck in der griechischen Kunst eine kategoriale Unterscheidung zur Folge: Wo Affektausdruck herrscht, kommt man ins animalische Gebiet beziehungsweise ins Gebiet der Maske, dem eigentlichen „Medium" des Gesichts[9]. Auch wenn man an den Masken der griechischen Komödie einen zunehmend individuelleren Ausdruck festgestellt hat: Dem wahren Menschen – und nur dieser kann schön sein – gehört das bare, ruhige, lächelnde, möglichst göttergleiche, also griechische Gesicht. Nur an diesem, ethnozentrisch sanktionierten Anblick, kann sich die platonische Theorie des schönen Einen und der Liebe entfalten und ihren zwanglosen Übergang in Ästhetik und Kunstphilosophie bahnen.

Dass dieses Gesicht im Verlauf der Kulturgeschichte zur allseits anerkannten Größe wurde, verrät nicht zuletzt die mediale Geschichte der Jesusbilder. Gerhard Wolf hat geschildert, wie die beiden ersten, aber konkurrierenden Münzbilder aus dem 5. Jahrhundert das Jesusgesicht tradierten[10]. Auch hier gab es so etwas wie eine Paargeschichte, denn das eine Bild zeigte angeblich den authentischen Jesus als eine syropalästinensischen Figur, also gleichsam ethnisch fixiert und autochthon, während das andere laut Legende ein Zeus-Gemälde imitierte. Das hellenistische Bild des schönen Christus trat einen Siegeszug an, im Osten wie im Westen der Kirche.

Das hier versteckte physiognomische Problem setzte sich fort im Streit um das Schweißtuch der Veronika; Christi Gesicht auf der Leinwand wurde nicht einfach verstanden als Abdruck eines fazialen Umrisses, und also als medialisierte Nachricht, sondern als immediater Ausdruck von Angst und Leiden. Auch hier schlägt die konkrete Verbildlichung das metaphorische Denken aus dem Felde. Seit einiger Zeit wird das Thema wieder am soge-

---

[9]   Luca Giuliani: Bildnis und Botschaft. Hermeneutische Untersuchungen zur Bildniskunst der römischen Republik. Frankfurt am Main 1986. S. 101ff.

[10]   Gerhart Wolf: „...sed ne taceatur." Lavaters „Grille mit den Christusköpfen" und die Traditionen der authentischen Bilder. In: Der exzentrische Blick. Gespräch über Physiognomik. Hg. von Claudia Schmölders. Berlin 1996. S. 43-76.

nannten Turiner Leichentuch diskutiert, das nicht nur das Gesicht, sondern angeblich den ganzen Körper zeigt, einschließlich der Seitenwunde. Hans Belting hat unlängst in einem Vortrag mitgeteilt, dass die Probe des Turiner Tuchs, die man als Fälschung entlarvt hat, gar keine Probe der eigentlichen Reliquie war. Die Kirche habe den Wissenschaftlern vielmehr ein anderes Tuch, eines aus dem 14. Jahrhundert gegeben – die Kirche wünsche keine wissenschaftliche Expertise einer Reliquie[11].

Nun ging es um die Differenz des leidenden und daher hässlichen, sowie des auferstehenden und daher schönen Christus im Medium der Kunst. Auch hier neigte die Tradition der offiziellen Kunst zur Hommage an den schönen Christuskopf: man denke an das Gemälde von Jan van Eyck von 1438, dem Vorbild von Dürers Selbstporträt von 1500. Das leidende Angesicht Christi, gleichsam ein Tiergesicht nach alter Auffassung, wäre ein Fall freilich weniger für die Physiognomik als für die sogenannte Pathognomik, dem mimisch-gestischen Ausdruck der Gefühle, die vom Arzt wie auch vom mitfühlenden Laien jederzeit erraten und gedeutet werden können. Wer leidet, ist nicht schön – so denkt der Laie bis heute, und entsprechend räsonniert der Begründer der neueren Physiognomik, Johann Kaspar Lavater, seitenlang über den schönen Christus, dem er den hässlichen Judas opponiert – das physiognomische Paar schlechthin, ganz ähnlich wie Löwe und Panther bei Pseudoaristoteles. Dieses Paar Jesus und Judas kontrastieren noch Rudolf Kassner und Peter Sloterdijk im 20. Jahrhundert als physiognomische Archetypen, ohne zu merken, welche Opposition sich dahinter wirklich verbirgt.

Johann Kaspar Lavater, Pfarrer in Zürich, Autor zahlreicher theologischer Schriften, ausgedehnter Briefwechsel und Zeichnungen, vor allem aber Verfasser des vierbändigen Werkes mit *Physiognomische[n] Fragmente[n] zur Beförderung der Menschenliebe und Menschenkenntnis* aus den Jahren 1775-78, führt die Fäden der Tradition zu einem epochalen Kurzschluss zusammen[12]. Zwar zeigt er selber Jesus am liebsten im Medium des Schattenrisses, dem Vorläufer der Fotografie im 18. Jahrhundert. Also zeigt er ihn im Profil, also gestaltorientiert; doch in Gestalten denken heißt eben ganzheitlich denken und entspricht einem platonischen Ansatz, deutet auf

---

[11] Vortrag im Rahmen der Pariser-Tor-Gespräche in Berlin, Sommer 2001.
[12] Erschienen in vier Bänden in Leipzig und Winterthur 1775-1778.

Anbetung des schönen Gesichts als der ersehnten Epiphanie. Schattenriss und en face verhalten sich in theologischer Lesart bekanntlich zueinander wie Typos und Antitypos, wie Andeutung und Erfüllung[13].

Gleichzeitig legt Lavater mit seinem Buch aber auch eine aristotelische, psychologische, wenn nicht gar medizinische Leistung vor, sucht möglichst detailliert Affekte, Charaktere, Funktionen in Körper- und Kopfdetails auf, will Menschen immediat durchschauen und zeigen. Das ungeheure Bildmaterial – die Wiener Nationalbibliothek beherbergt mehr als 20tausend Blätter – dient also nicht Zwecken der Kunst, sondern der Psychologie; ganz ähnlich wie die Kunststücke bei Aby Warburg, dem Begründer der Kulturwissenschaft, in den Dienst einer Anthropologie der Gebärden- und Gestensprache dem Nachweis konstanter Gebärden gestellt werden[14].

Die epochenspezifische Jahrhundertwenden-Spannung, die dieses Projekt der Aufklärung in tausend Splitter zersprengt hat – eben die von Lavater selbst so genannten „Fragmente" – diese Spannung stammt mit andern Worten zu einem nicht geringen Teil aus dem Drama der *geleugneten* Medialität, das Lavater vor aller Welt aufgeführt hat. Das Gesicht Christi ist ihm zufolge gerade als Inkarnation Gottes unmittelbar zum Menschen. Auch wenn es sich nicht einfach zeichnen und darstellen lässt, liegt es doch offen vor Gott und dem Gläubigen zutage in schöner Evidenz, wenn nicht gar in der Evidenz des Schönen, – im Gegensatz zum meist hässlichen, oft verstockten und verlogenen Menschen. Zwar gilt der Mensch dem aufgeregten Optimisten Lavater als Gottes Ebenbild, zwar will er aus Liebe zum Menschen lieber an Genies wie Goethe seine Kunst erproben als am Durchschnittsmenschen, der sein wahres Gesicht nicht zeigt: doch eben deshalb soll es ihm vom Kenner entrissen werden: das Wort Riss bedeutet im Vokabular des 18. Jahrhunderts eben auch Um- oder Schattenriss. Nur denkt ihn Lavater sich nicht als Medium, sondern als „Ding an sich": „Die Physiogno-

---

13 Vgl. Claudia Schmölders: Profil sucht en face. Lavaters Theologie der Schattenrisse. In: SchattenRisse. Silhouetten und Cutouts. Hg. von Marion Ackermann, Helmut Friedel. München 2001. S. 37- 41.

14 Aby Warburg: Der Bilderatlas Mnemosyne. Hg. von Martin Warnke. Berlin 2000.

mik hat keinen zuverlässigeren, unwiderlegbareren Beweis ihrer objektiven Wahrhaftigkeit, als die Schattenrisse"[15].

In zeitgenössischer Übereinstimmung hat Lavater sein Projekt zugleich ausdrücklich der Beförderung von *Menschenkenntnis* gewidmet – eben weil Absichten und Affekte, die den Menschen von seiner Gottebenbildlichkeit ablenken, nicht ohne weiteres zu entziffern sind. Kant, der nichts von Physiognomik hielt, hat es in seiner *Anthropologie in pragmatischer Hinsicht* melancholisch formuliert: „Weil aber Torheit, mit einem Lineament von Bosheit verbunden (da sie alsdenn Narrheit heißt), in der moralischen Physiognomik an unserer Gattung nicht zu verkennen ist: so ist allein schon aus der Verheimlichung eines guten Teils seiner Gedanken, die ein jeder kluge Mensch nötig findet, klar genug zu ersehen: dass in unserer Rasse jeder es geraten finde, auf seiner Hut zu sein und sich nicht ganz erblicken zu lassen wie er ist: welches schon den Hang unserer Gattung, übel gegeneinander gesinnt zu sein, verrät"[16].

Dieses eigentümliche Misstrauen in die Kenntnis der Menschen, dieses bemerkenswerte Eingeständnis, dass das wahre Gesicht erst gesucht werden muss, dass mit andern Worten dessen Medium, die Maske, viel originärer sei als das nackte Gesicht: dieser offenkundig zentrale physiognomische Gedankengang lässt sich natürlich leicht ins 17. Jahrhundert datieren. Es könnte eine Erbschaft Gracians und der allgemeinen Hofkritik sein. Andererseits ist schon das zweite pseudoaristotelische Werk über Physiognomik, der bekannte *Brief an Alexander* aus dem Mittelalter, ein Dokument des Misstrauens. Es wurde angeblich verfasst, um dem Fürsten einen Crashkurs in Menschenbeobachtung zu geben, wenn er sich treue und gute Diener oder Frauen aussuchte. „Der [Mann] mit großen und vorstehenden Augen ist neidisch, schamlos und faul, ihm darf man nicht trauen, besonders wenn seine Augen blau sind. Aber der mit mittelgroßen Augen, die tief und dunkel wirken, ist vermutlich klug und scharfsinnig. Der hingegen mit schrägen Augen ist böse. Der mit starrem Auge, wie bei den Tieren, ist von rohem Naturell und dumm. Der mit dauernd beweglichem Auge ist raffiniert und verräterisch und sinnt auf Anschläge. Der mit rotem Auge ist kühn und rücksichtslos.

[15] Lavater. a.a.O. Bd. 2. S. 91.
[16] Kants Werke in 12 Bänden. Hg. von Wilhelm Weischedel. Frankfurt am Main 1964. Bd. 12. S. 688.

Die bösesten Augen von allen sind von türkiser Farbe, und wenn sich darin auch noch weiße, schwarze oder rote Flecken finden, wird ihr Besitzer der böseste und gefährlichste Mensch auf Erden sein"[17].

Wie obsessiv und wie früh schon physiognomische Verfahren mit der keineswegs metaphorischen Ausforschung von Feinden und Bösen befasst waren, hat Manfred Schneider in seinen Arbeiten über die Peinliche Gerichtsordnung (Carolina) von 1532, eine Gerichtsreform unter Karl V., nachgewiesen[18]. Die Anfänge dazu liegen in der antiken Rhetorik der Gerichtsrede beziehungsweise des Verhörs. Die nicht medizinische Geschichte der Physiognomik bildet seit der Frühen Neuzeit mehr oder minder die Karriere der juridischen Physiognomik ab; der wachsende „body criticism", wie Barbara Stafford es nennt[19], widmet sich dem Verbrecher, dem Outsider, dem Medium des Bösen. Die von Lavater eingeforderte „Menschenliebe" des physiognomischen Blicks, also eigentlich das platonische Erbe, scheint aus den Räsonnements zu verschwinden, taucht aber in der Literatur europaweit und immer nachdrücklicher auf. Um die Jahrhundertwende finden sich zeilenlange, hymnische Gesichtsbeschreibungen in der erzählenden Prosa, undenkbar ohne Lavaters Vorbild, aber gleichzeitig melancholisch auf Kunst oder Künstler beschränkt.

Gibt es eine anthropologische Erklärung für diese Entwicklung – oder ist es gar keine Entwicklung? Eine der erstaunlichsten Herleitungen der Physiognomik aus der Richtung des ubiquitären Verdachts stammt von Nietzsche:

„[D]er Mensch, als das furchtsamste aller Geschöpfe, vermöge seiner feinen und zerbrechlichen Natur, hat in seiner Furchtsamkeit die Lehrmeisterin jener Mitempfindung, jenes schnellen Verständnisses für das Gefühl der andern (auch des Tieres) gehabt. In langen Jahrtausenden sah er in allem Fremden und Belebten eine Gefahr: er bildete sofort bei einem solchen Anblick den Abdruck der Züge und der Haltung nach und machte seinen Schluß über die Art der bösen Absicht hinter diesen Zügen und dieser Hal-

---

[17]   Claudia Schmölders: Vorurteil. A.a.O. S. 180.

[18]   Manfred Schneider: Die Beobachtung des Zeugen nach Artikel 71 der 'Carolina'. Der Aufbau eines Codes der Glaubwürdigkeit. In: Geschichten der Physiognomik. Hg. von Manfred Schneider, Rüdiger Campe. Freiburg 1996. S. 153-182.

[19]   Barbara Maria Stafford: Body Criticism. Imaging the Unseen in Enlightenment Art and Medicine. London 1991.

tung. Dieses Ausdeuten aller Bewegungen und Linien auf Absichten hat der Mensch sogar auf die Natur der unbeseelten Dinge angewendet - im Wahne, dass es nichts Unbeseeltes gebe: ich glaube, alles, was wir Naturgefühl nennen, beim Anblick von Himmel, Flur, Fels, Wald, Gewitter, Sternen, Meer, Landschaft, Frühling, hat hier seine Herkunft, - ohne die uralte Übung der Furcht, dies alles auf einen zweiten, dahinterliegenden Sinn hin zu sehen, hätten wir jetzt keine Freude an der Natur, wie wir keine Freude an Mensch und Tier haben würden ohne jene Lehrmeisterin des Verstehens, die Furcht"[20].

Hier wird ein physiognomischer Sensus sui generis postuliert, die „uralte Übung der Furcht", die aus dem Bedürfnis nach Orientierung keinen Unterschied macht zwischen Geschöpfen und Landschaften. Vielleicht nicht zufällig hat man diesen Sensus besonders um die Jahrhundertwende kultiviert, dem Zeitalter der Nervosität. Eine der einschneidensten Anwendungen stammte vom Lebensreformer Paul Schultze-Naumburg, der um 1902 ganze Häuser mit Gesichtern assoziierte, die entweder wahnsinnig oder gesund aussähen[21]. Hier wird das Gesicht, oder besser: der physiognomische Sensus, der Gesichter auf alles und jedes projizieren kann, zum Medium der psychiatrischen Diagnose im Niemandsland zwischen Medizin und Ästhetik, das seit der Applikation von bildender Kunst und Fotografie auf kranke Gesichter besiedelt wurde. Sander Gilman hat diese Traditon beschrieben[22].

Das Gesicht als Medium des Guten und Schönen, das Gesicht als Medium des Bösen, die Maske als Medium des Gesichts, der physiognomische Sensus als Medium der Orientierung: welcher Medienbegriff wird nun hier eigentlich virulent? Auch unbeschadet der Tatsache, dass Lavater sich für Swedenborg, den Geisterseher, erwärmt hat, dass er das Evolutionsbuch von Charles Bonnet, *Aussichten in die Ewigkeit* (1764), übersetzt hat, mit merkwürdigen Beobachtungen zur Mimik der Engel: Was für ein Medium ist das Gesicht

---

[20]   Friedrich Nietzsche: Werke in 3 Bänden. Hg. von Karl Schlechta. München 1966. Bd. 1. Aphorismus 142.

[21]   Vgl. dazu Willibald Sauerländer: Vom Heimatschutz zur Rassenhygiene. Über Paul Schultze-Naumburg. In: Gesichter der Weimarer Republik. Eine physiognomische Kulturgeschichte. Hg. von Claudia Schmölders, Sander Gilman. Köln 2000. S. 32-50.

[22]   Sander L. Gilman: Zur Physiognomie des Geisteskranken in Geschichte und Praxis 1800-1900. In: Sudhoffs Archiv 62 (1978). S. 209-234.

wirklich und ist es mit diesem Terminus überhaupt fassbar? Schließlich taucht es in keiner bekannten Medientheorie an zentraler Stelle auf – weder bei Niklas Luhmann, noch bei Jochen Hörisch[23], selbst nicht bei jenem allerneuesten Versuch zum Thema von Stefan Rieger, dem, frei nach dem Grundsatz von Gregory Bateson, alles als Medium gilt, weil wir nicht *nicht* kommunizieren können[24].

Sehr wohl aber taucht das Gesicht als überragendes Thema und an prominentesten Stellen im Feld der neueren philosophischen Schriftstellerei auf, von Oswald Spengler über Rudolf Kassner über Max Picard bis hin zu Klaas Huizing und Peter Sloterdijk. Und überall deutet es auf das Gegenteil, lässt erkennen, dass das Gesicht dem Medium eine Grenze bilden, dass es ihm widerstehen soll.

Nach der Einteilung von Harry Pross, der primäre, sekundäre und tertiäre Medien unterscheidet, spielt das Gesicht zunächst einmal alle Rollen, die ihm von der Theorie abverlangt werden[25]. Es hat der Primärgesellschaft mit ihren Primär-Medien als face-to-face Kommunikation den englischen Namen gegeben; und es gehört in diese Primärwelt, weil Mimik sich vor der Sprache entwickelt und das Gesicht als reine Kommunikationsfläche nutzt. Weil das Gesicht aber zudem erbliche Züge und mimische Bewegungen speichert, in Form von Falten und eigenartigen Modellierungen des alternden Gesichts, gehört es auch in die Reihe der sekundären Medien, die mit Speichertechniken arbeiten, aber von unbewaffneten Augen entziffert werden können. Gerade auch wegen der Körper-Geschichten, deren Spuren es speichert, hat Georg Simmel das Gesicht einen Erzähler genannt. Gesichter verstricken uns in Geschichten, ließe sich mit Wilhelm Schapp sagen[26]. Schließlich und endlich gehört das Gesicht auch zu jener tertiären Kategorie, die technische Aufrüstung bei Sender wie Empfänger verlangt: also das Gesicht mit Sprache versieht, wie die antike Persona, zu deren Verständnis wiederum Sprache erlernt werden muss. Ist das Gesicht also womöglich ein

---

23 Jochen Hörisch: Der Sinn und die Sinne. Eine Geschichte der Medien. Frankfurt am Main 2000.

24 Stefan Rieger: Die Individualität der Medien. Eine Geschichte der Wissenschaften vom Menschen. Frankfurt am Main 2000.

25 Harry Pross: Medienforschung – Film, Funk, Presse, Fernsehen. Darmstadt 1972.

26 Wilhelm Schapp: In Geschichten verstrickt. [1953] Wiesbaden 1976.

medialer Archetypus? Oder läuft umgekehrt die Evolution der Medien auf die Konstruktion eines Über-Gesichts hin, jenem flimmernden Bildschirm, vor dem wir täglich sitzen, mit dem wir täglich Blickwechsel tauschen, Information erwerben, Unterhaltung und Kommunikation betreiben?

Das ist hier allerdings die Frage. Der Physiognomiker jedenfalls müsste noch ganz andere Konnotationen, in denen wir Gesichter wahrnehmen, erwähnen. Er müsste an die Techniken der Maskierung erinnern, die sich das Gesicht schützend vor seine Individualität hält. Er müsste daran erinnern, dass andererseits das Gesicht als erotische Reizfigur der Evolution als Medium der Fortpflanzung dient, und er müsste zugeben, dass das Gesicht letztlich als identischer Selbstausdruck eines Individuums gerade gar nichts vermitteln kann außer sich selbst, worüber der Erkennungsdienst ja sehr glücklich ist. Physiognomische Wahrnehmung ist also multiperspektivisch, und wird es noch mehr durch die Existenz symbolischer Verkehrsformen.

Denn natürlich fällt auf - Thomas Macho hat es eindringlich geschildert[27]-, dass das Gesicht in den sekundären und tertiären Medien eine außerordentlich überwertige Rolle spielt. So in der Fotografie, die sich aus der Porträtarbeit entwickelt, und so wiederum im Stummfilm, der höchste mimische Begabung verlangt wie etwa von Chaplin und Keaton und Asta Nielsen; so schließlich im Tonfilm, in dessen Gefolge das eigentliche Star-Gesicht entstand, wie etwa von Greta Garbo. Von der extremen Rolle des Gesichts im Fernsehen zu schweigen: denn hier macht die geringe Größe des Bildschirms das Gesicht zum idealen Nachrichtenübermittler, eben weil mimische Kommentare in vielschichtigster Weise auf kleinstem Raum, wie Simmel sagt, ausgedrückt werden können[28].

Also weniger das Gesicht *als* Medium als das Gesicht *in* den Medien spielt eine herausragende Rolle? Mit gutem Grund. Gerade weil das Gesicht in seiner mehrfachen Festschreibung einer medialen Durchlässigkeit widersteht, wird es im Medium so gern genutzt. Es stellt dem schweifenden Blick eine Landebahn dar, ja fast könnte man meinen, die Medien wollten mit

---

[27] Thomas Macho: Vision und Visage. Überlegungen zur Faszinationsgeschichte der Medien. In: Inszenierte Imagination. Beiträge zu einer historischen Anthropologie der Medien. Hg. von Wolfgang Müller-Funk, Hans Ulrich Reck. Wien 1996.

[28] Georg Simmel: Die ästhetische Bedeutung des Gesichts. In: Der Lotse I (1901).

seiner Hilfe eine faziale Kommunikation imitieren, um sich selber ungeschehen zu machen. Die prometheische Scham, von der Günther Anders sprach, macht sich bemerkbar. Das hypertrophierende Gesicht im Medium bedeutet ein intellektuelles Erröten über die Tatsache der medialen Entfremdung und „parasozialen" (Harald Wenzel) Kommunikation[29]. Ganz ohne Schaden geht es aber dabei nicht ab, denn schließlich erwidert kein Gesicht im Bild den Blick des Betrachters. Doch wie magisch drängt das identische, singuläre, kommunikativ angelegte Gesicht hinter der Maske nach vorn. Derselbe Gilles Deleuze, der noch 1980 über die Gesichtsobsessionen der Ersten Welt im Vergleich zu den „normalen" Körperschemata der Zweiten und Dritten Welt geschimpft hatte[30], konstatierte zehn Jahre später in seiner Kinotheorie, dass das Gesicht als Affektgesicht die reine Pathosformel des Kinos sei; in Gestalt der Großaufnahme, wenn nicht die Leinwand selber, zur Projektion ebenso bereit wie zur Inspektion[31]. Hier rückt das Gesicht so nahe ans Medium wie sonst nur im religiösen Diskurs über die Vera Ikon oder Lavaters Christusliebe. Immer wieder stellen sich Fragen aus jenem Bereich der Symbollehre, die im Streit um die Transsubstantiation in der Frühen Neuzeit zur lutherischen Reformation geführt haben.

Trotz allem, identisch mit dem Medium ist das Gesicht womöglich in keinerlei Hinsicht. Und dies aus einem einfachen Grunde. Das lebendige Gesicht ist zum einen die Quelle der Stimme und Sprache und bildet somit die Anlaufstelle zum Dialog, begleitet von Mimik. Zweitens zentriert das Gesicht in den Augen; und nichts verdient das Epitheton des Immediaten, Unmittelbaren mehr als der Blick von Auge zu Auge, wie wir ihn bei jeder alltäglichen Unterhaltung praktizieren. Als Liebesblick dürfte er dem Phänomen der Kommunion am nächsten kommen, das Jochen Hörisch behandelt, mit dem Unterschied, dass hier eine Paar-Beziehung gemeint ist ohne Opfer, vielmehr als gleichsam ätherischste gegenseitige Einverleibung. Georg Simmel hat diese zentrale Figur des en face ins Bewusstsein gehoben: „Man kann nicht durch das Auge nehmen, ohne zugleich zu geben. Das Au-

29 Harald Wenzel: Die Abenteuer der Kommunikation. Echtzeitmassenmedien und der Handlungsraum der Hochmoderne. Weilerswist 2001. S. 422ff.

30 Gilles Deleuze: Gesichtlichkeit. In: Schmölders: Vorurteil. A.a.O. S. 236f.

31 Ders.: Kinotheorie. Das Bewegungsbild. Kino 1. Frankfurt am Main 1989. S.123ff.

ge entschleiert dem Andern die Seele, die ihn zu entschleiern sucht. Indem dies ersichtlich nur bei unmittelbarem Blick von Auge in Auge stattfindet, ist hier die vollkommenste Gegenseitigkeit im ganzen Bereich menschlicher Beziehungen hergestellt"[32].

Dass wir mit dem Gesicht also gleichzeitig die reine Situation des Immediaten und jene der undurchdringlichen, auszuspähenden, typisierenden Maske, und drittens der eigenwertigen, unübersetzbaren, gleichsam knochigen Individualität eines Gegenübers verbinden, dürfte der tiefere Grund dafür sein, dass es in keiner Medientheorie auftaucht, wohl aber von den visuellen Medien verschlungen, ja womöglich dem modernsten Mediensetting Pate gestanden hat, das wir heute haben. Denn ist nicht das Sitzen vor einer leuchtenden Oberfläche, mit ihrer ständig wechselnden Mimik oder Bildsprache, mit ihren persönlichen Bemerkungen zum Benutzer, und der Möglichkeit blitzschneller Wortwechsel, ist es nicht eine höchst synthetische Nachbildung einer face-to-face Situation aus der archaischen Primärwelt? Wie dem auch sei: Sollte MacLuhans Formel auch für das Gesicht gelten, dann eben müsste dessen Botschaft in sich paradox, vom double bind selber bestimmt sein: äußerste Unmittelbarkeit *und* Verschlossenheit, Typisierung *und* Unvergleichlichkeit zugleich annoncierend. An dem Bewusstsein dieser Paradoxie muss die Absicht jeder Physiognomik gemessen werden. Nicht jeder kann sich so elegant aus der Affäre ziehen wie Rudolf Kassner mit dem Satz: Der Mensch sieht so aus, wie er ist, weil er nicht so ist, wie er aussieht.

Vom Paradox des abwesenden und anwesenden Angesichts ist bekanntlich das theologische Räsonnement durchdrungen. Der Gott des Alten Testaments ist unsichtbar, gleichwohl gilt es als höchstes Glück, ihn von Angesicht zu erblicken. Nach anderer Lesart – und Klaas Huizing hat ihr ja geradezu ein Lebenswerk gewidmet – ist Jesus Christus eben das sichtbar gewordene Angesicht Gottes; und der noch heute gesprochene Segen in Messe und Gottesdienst sagt ja ausdrücklich: „Der Herr lasse sein Angesicht leuchten über dir und gebe dir Frieden". Christomorph in diesem Sinne hat Franz Rosenzweig in seinem Buch *Stern der Erlösung* von 1921 das Angesicht

---

[32] Georg Simmel: Soziologie. Untersuchungen über die Formen der Vergesellschaftung. [1908] Berlin 1968. Darin: Exkurs über die Soziologie der Sinne. S. 483-493.

Gottes in höchsten Tönen beschworen: „Und wie die Wahrheit, die sich im Stern Gestalt gibt, innerhalb des Sterns als ganze Wahrheit wiederum zu Gott und nicht zur Welt oder zum Menschen hingeordnet ist, so muss sich auch der Stern noch einmal spiegeln in dem, was innerhalb der Leiblichkeit wieder das Obere ist: das Antlitz. Es ist deshalb kein Menschenwahn, wenn die Schrift von Gottes Antlitz und selbst seinen einzelnen Teilen redet. Die Wahrheit läßt sich gar nicht anders aussprechen. Erst indem wir den Stern als Antlitz schauen, sind wir ganz über alle Möglichkeit von Möglichkeiten hinweg und schauen einfach"[33].

Auch das Menschengesicht ist nach dieser Lesart von der Wahrheit gefordert. Sein wahres Gesicht zeigt der Gott anheim gestellte Mensch erst im jüngsten Gericht; erst dann entscheidet Gott über Gut und Böse. Das wahre Gesicht ist hier, wie in allen juridischen Texten zur Physiognomik, eine moralische Größe – keine biologische.

Dennoch: Wo ein Symbol in solcher Überwertigkeit auftaucht, kann man mit Fug auf biologische, nicht symbolische Hintergründe schließen. Von der Wahrnehmung des Menschengesichts in paläontologischen Kontexten wissen wir nichts – beziehungsweise, wir wissen, dass es sie nicht gab. Die Höhlenbilder aus aller Welt haben bisher keinen Hinweis gegeben: Was Andre Leroi-Gourhan aus über achtzig europäischen Höhlen zusammengetragen hat, ist mehr als spärlich[34]. Nur die nackte Hand sieht man häufig, teils positiv, teils negativ abgebildet. Was man mehr ahnt als weiß, ist die Priorität der Maske vor dem nackten Gesicht. Die meisten frühen Masken waren offenbar Vogelköpfe, Vögel aber sind weltweit das Totemtier der Schamanen gewesen, rituell auf Himmelsflüge spezialisiert, wovon viele Märchen, besonders russische erzählen. Auch jene Szene, die Peter Sloterdijk in seinem gewaltigen Werk über die Sphären ausmalt, ist nirgendwo höhlenbildnerisch überliefert: das Urbild, die Urhöhle einer Face-to-Face-Situation, die Szene einer innigen Gesichtlichkeit und bezwingenden fazialen Unmittelbarkeit zwischen Mutter und Kind. Die Versuchung muss groß gewesen sein, die Chiffre einer späten religiösen Kunst, Maria und das Jesus-

---

[33] Franz Rosenzweig: Stern der Erlösung [1921]. Mit einer Einführung von Reinhold Mayer und einer Gedenkrede von Gershom Scholem. Frankfurt am Main 1987. S. 481.

[34] André Leroi-Gourhan: Préhistoire de l'art occidentale. Paris 1971.

kind, in eine paläontologische Szene zurückzuspiegeln und ihr selbst Höhlencharakter zuzuschreiben[35].

Aber selbst das „wahre Gesicht" als biologische Größe ist ambivalent. Es stammt eben nicht nur aus der *dialogischen* Unmittelbarkeit sondern mindestens ebenso sehr aus deren Gegenteil: der dialektischen, *konfrontativen* Unmittelbarkeit. Das Gesicht des Löwen, den die Gazelle fürchten muss, verrät sich allein durch die Augen und das Dreieck aus Augenpaar und Nase. Die Gazelle muss nicht mehr sehen als dieses Dreieck oder vielleicht sogar nicht mehr als das Augenpaar, um zu wissen, was ihr blüht, wenn sie es aus dieser Nähe sieht. Es gibt also auch das Gesicht in einer immediat *gefährlichen* Erscheinung, und der physiognomische Sensus, der es erkennt, hat geleistet, was er leisten soll: er hat orientiert.

Orientierung muss wohl das Stichwort heißen, mit dessen Hilfe das Gesicht von den Medien zu unterscheiden, ja diesen sogar entgegenzusetzen wäre. Definiert man ein Medium als Technik von Informationsverbreitung und –vervielfältigung, so leistet die faziale Heuristik genau das Gegenteil: sie vereinfältigt und singularisiert massenhafte Information zwecks Orientierung. Information ist nicht dasselbe wie Orientierung. Wenn wir einer Landschaft mit mannigfachen Bergen und Hügeln, Bäumen und Dörfern, Flüssen und Wegen ein Gesicht zuschreiben, so verwandeln wir diese vielen Details in eine einzige, lokalisierte, nicht reproduzierte, sondern primärpsychisch gegebene Tatsache. In diesem Sinne ist die Metapher des Gesichts immer gebraucht worden. Nicht nur, um Landschaften oder Städten ein unverwechselbar eigenes, memorierbares Gesicht mit Stimmungen zu verleihen, sondern auch etwa um ganze Epochen und Jahrhunderte gestalthaft zu begreifen. Hier haben Lavaters und des 18. Jahrhunderts Silhouettenwut ihren Ursprung; hier kulminiert der romantische Sinn für Differenz.

Der anthropomorphe Zugriff, den Klaus Heinrich einmal als ein „Festnageln" des Gegenübers beschrieben und den metamorphen Machenschaften der griechischen Götter kontrastiert hat, dieser Zugriff ist womöglich der klassische Gegenspieler der medialen Ambitionen in unserer intellektuellen Geschichte. Ganz ähnlich, wie man in der Anatomie von den Muskeln von

---

[35] Aber es scheint eine neurologische Basis zu geben, vgl. Gerhart Roth: "Man kann sagen, daß der Mensch mit einer Sucht nach Kommunikation mit der Mutter auf die Welt kommt." In: Information Philosophie 4 (2002). S. 108.

Antagonisten spricht, dank deren Existenz und Hilfe Bewegung überhaupt erst möglich wird, könnte man sich den physiognomischen Sensus als Antagonisten des medialen denken. Nur im Zusammenspiel von Information und Orientierung kämen wir weiter. Aber kommen wir wirklich weiter? Haben wir den Bogen der Medialisierung nicht längst überspannt und das Prinzip Information zur genetischen Chefsache erklärt? Dann hätte der orientierende faziale Antagonist sein Spielbein verloren – aber diese Geschichte müsste dann Gegenstand unserer Kunstgeschichte als Bildwissenschaft sein.

Martin Scherer

Der Leser als Flaneur.
Von der Verlangsamung der Welt beim Blättern.

Eine Medientagung ernsthaft mit dem Thema „Verlangsamungen" beglücken zu wollen, scheint nahe am Paradox. Schließlich stehen die modernen Massenmedien - legt man einmal den Geschwindigkeitsaspekt zu Grunde - gerade für das Gegenteil: die Beschleunigung, das Tempo, die immense Reizflut, welche der Wahrnehmung das Äußerste abverlangt, um nur halbwegs so etwas wie eine Gleichzeitigkeit herzustellen. Vielen professionellen Kulturkritikern und Warnern, aber auch vielen von uns sind Funk, Fernsehen, Internet und mobile Kommunikation Synonyme für die entfesselte Akzeleration, für den Informationsüberfluss. Die meiste Zeit, so diagnostizierte Siegfried Kracauer vor bald achtzig Jahren, befänden wir uns in einem Zustand dauernder Empfängnis[1]. Heute ist diese Empfängnis nicht nur permanent, sondern auch multimedial. Wir sind trächtig mit Unterhaltung und Nachricht aus aller Welt. Wir empfangen das Neueste der Weltpolitik und das Unerhörte aus den Boudoirs der Prominenz im SMS-Format auf dem Display unseres Mobiltelefons oder via Infoscreen im U-Bahn-Schacht. Diese Wirklichkeit scheint irreversibel. Was also haben die Medien oder was hat der hypermoderne, mediatisierte Mensch noch mit Verlangsamung zu schaffen? Sie haben kein romantisches Plädoyer zu befürchten, auch keine sentimentale Verklärung des vorelektronischen Lesens.

Es geht in diesen Ausführungen um eine einigermaßen triviale Erfahrung. Solche Erfahrungen sind manchmal dennoch der Rede wert. Aus der Philosophie wissen wir seit langem, dass es immer wieder einen Zoom auf das Alltägliche, das Naheliegende, eben auf das Triviale geben muss, damit nicht zu viele haarsträubende Diagnosen, zu viele bodenlose Theorien in Umlauf kommen. Würden Sie an einem Wochenende wie diesem nicht einer Tagung wie dieser die Ehre geben - vielleicht würden Sie jetzt gerade in ihrer Zeitung blättern, die Kulturbeilage feinsäuberlich von den Annoncen tranchieren und sie späteren Stunden oder auch Tagen reservieren. Oder Sie würden eine Wochenzeitung, eine Illustrierte zur Hand nehmen, um sich

---

[1] Siegfried Kracauer: Das Ornament der Masse. Franfurt a.M. 1977. S. 323.

einem längeren Text oder schönen Bildern mit etwas mehr Musse zu widmen. Eben diesem - nennen wir ihn einmal souveränen - Umgang mit Medien gilt es ein wenig nachzuspüren. Offenbar gibt es immer auch ein anderes Zeitmaß, gibt es Presselektüren abseits der zackigen Schlagzeilen- und Anreißertechniken, die arg leicht Konfusion und Kurzatmigkeit, eben eine bloße Informiertheit erzeugen. Mit anderen Worten: Nicht alle Medien haben den eiligen Konsumenten im Blick und erschöpfen sich im Bedienen von ad-hoc-Bedürfnissen. Ein bestimmtes Textkaliber ist und bleibt der – bitte im besten Sinne zu verstehenden - Langatmigkeit verpflichtet. Verleger und Blattmacher der rüderen Art, aber auch Medienschelten der billigeren Art übersehen nur zu leicht die Bedeutung solcher Formate.

Es wäre schlichtweg töricht, bestimmte Medien gegeneinander auszuspielen. Niemand wird den News-Channels im Fernsehen oder im Internet Recht und Bedeutung absprechen wollen. Sie sind kein Affront für das klassische Feuilleton, die lang recherchierte und gut photographierte Reportage oder das gediegene Magazin. Die derzeit auf dem deutschsprachigen Markt erscheinenden 847 verschiedenen Publikumszeitschriften einerseits und die rapide steigende Zahl der User jounalistisch aufbereiteter Internetseiten andererseits zeugen von einem vielschichtigen, ja mehrdimensionalen Leseverhalten, von einer gewissen Routine in medialer Trennkost sozusagen. Aus solcher Differenzierung heraus beschwört denn auch Botho Strauss in *„Die Fehler des Kopisten"* eine Balance von Beschleunigung und Verzögerung, von Flexibilität und Eigenart: „Ich wünschte, dem zukünftigen Menschen entstünde eine bewegliche Doppelnatur, so dass er als der technische Sensibilist wie als der gesteigerte Sinnenmensch zugleich und wechselnd existieren kann ... Es wird für das Individuum darum gehen, eine Art kulturelles Schisma als Ausgleich und nicht als Zerreißprobe zu erleben"[2].

Um so trauriger, dass jener gesteigerte Sinnenmensch in den letzten Jahren von einer ganzen Reihe wunderbarer Printwerke Abschied nehmen musste – von Medien, die verlangsamend und somit wie ein Druckausgleich auf eine rasend gewordene Lebenswelt wirkten. Es genügt, sich zum Beispiel die leidenschaftlichen Leserbriefe und Nachrufe zu Gemüte zu führen, welche seinerzeit das sogenannte Magazinsterben begleitet und beklagt haben, um zu ermessen, von welcher Wichtigkeit besagte Balance offenbar ist. Als

---

2   Botho Strauß: Die Fehler des Kopisten. München 1997. S. 173.

zum Beispiel in Hamburg und Frankfurt, bei *Zeit* und *Frankfurter Allgemeiner Zeitung*, die wöchentlichen Supplemente in den Orkus wanderten, wenn jetzt zudem für den ehrwürdigen *Bilder- und Zeitenbogen* der Vorhang fällt, dann bedeutet das einen besonders herben Verlust für den impliziten Leser solcher Magazine. Wer aber ist der implizite Leser etwa des legendären Fragebogens, der wichtigen Zeitgenossen Statements zu ihren LieblingsheldInnen in der Geschichte abnötigte? Wer ist der implizite Leser eines zwölfseitigen Stimmungsberichtes über Usedom im Winter oder von Siebecks kulinarischen Meditationen über den vollendeten Kapaun? Wem sind solche Nahaufnahmen heilig?

„Der richtige Spaziergänger ist wie ein Leser, der ein Buch nur zu seinem Zeitvertreib und Vergnügen liest - ein selten werdender Menschenschlag heutzutage, da die meisten Leser in falschem Ehrgeiz ... sich für verpflichtet halten, ihr Urteil abzugeben ... Also eine Art Lektüre ist die Straße. Lies sie"[3].

Solches schreibt Franz Hessel im Schlusskapitel seiner *Ermunterungen zum Genuss*. Flanieren ist ihm die Lektüre der Straße, die Begegnung mit fremden Schicksalen und Details. Es ist der Wachtraum, welcher die leidigen, meist immer gleichen Motive vergessen macht. Die Entfernungen haben wir durchbrochen. Aber sind uns die Dinge näher gekommen? Der Blick des Flaneurs fängt ein, was sonst zum Übersehen bestimmt ist. Flanieren bedeutet denn auch Freiheit, weil Subversion des Urteilens, des Entscheidens, der Zwecksetzung, des Tempos. Ein immenser Luxus für jedermann. Und ein immenses Glück obendrein. Denn Kognitionspsychologen und Hirnforscher unserer Tage sind bei der Suche nach einer positiven Bestimmung des Glückerlebens auf die autotelische Erfahrung gestoßen, was soviel heißt wie eine sich selbst genügende Tätigkeit, eine, die man rein um ihrer selbst willen ausübt, ohne Erwartung künftiger Vorteile, einfach deshalb, weil sie aus sich heraus lohnend ist. „Flow" nennen die Wissenschaftler je-

---

[3] Franz Hessel: Sämtliche Werke. Band II. Hg. von Hartmut Vollmer/Bernd Witte. Oldenburg 1999. S. 437.

nen ersehnten Zustand, in dem ein Mensch sich aus der Verstrickung in Zwecke und Ziele befreit und in ein beglückendes Stromerlebnis eintaucht[4].

Franz Hessel selbst schlägt den Bogen vom Spazieren zum Lesen: Auch der Leser kann offenbar die Züge des Flaneurs annehmen. Zunächst schlicht und ergreifend durch die Peripatie, welche das gedruckte Aufschreibesystem ihm erlaubt. Er kann sich mit und in einem Text nach Belieben bewegen; denn die Zeitung und das Magazin sind von einer einmaligen topischen Neutralität: Sie begleiten jede Bewegung und lassen auch jede Handgreiflichkeit zu. Seit dem Übergang von der Textrolle zum Codex existiert kulturgeschichtlich der wandernde Blick. Seither bildet der gedruckte Text nur noch eine Ideallinie, aus der jeder individuell ausscheren und blättern kann. Lesend macht der Flaneur sich zum Ort kontingenter Erfahrung. Geschichten reihen sich aneinander, gehen ineinander über gleich den Auslagen auf den Boulevards. Bilder, Reminiszenzen, Sehnsüchte, aber auch Splitter von Gedanken werden unter den Texten allmählich sichtbar wie ein dezentes Wasserzeichen. Das Blättern ist keine Zerstreuung, es ist vielmehr eine heimliche Weise der Sammlung. Die Medien werden, so wie der Flaneur sie wahrnimmt, zum Medium seiner selbst. Sie erinnern ihn an seinen Möglichkeitssinn, an sein irdisches Jenseits - an das Heimliche, Unausdrückliche, Aufgeschobene oder Gärende also. Und der Flaneur lässt sich umgekehrt auch gerne erinnern, schließlich verschwendet er sich gerne an andere Realitäten als die alltäglichen.

Ein kluger und überaus origineller Zeitgenosse von Descartes reagierte auf dessen berühmtestes Axiom lakonisch mit einem bemerkenswerten Gegen-Satz, der da lautet: ambulo ergo sum. Ich spaziere, also bin ich. Dem Flaneur dämmert beim Geschichtenlesen die Einsicht, dass der Mensch in einem Universum selbstgeschaffener Symbole lebt, er also im Grunde gar kein animal rationale, sondern vielmehr ein animal symbolicum ist. Was wir Außenwelt oder Wirklichkeit nennen, gibt es nur in der Mehrzahl zeichenartiger Brechungen, in verschiedenen Versionen sozusagen. Und diese Versionen lassen sich eben nicht erklären oder beweisen, sondern allenfalls erzählen.

---

[4] Vgl. hierzu Ludwig Muth: Leseglück als Flow-Erlebnis. Ein Deutungsversuch. In: Leseglück. Eine vergessene Erfahrung? Hg. von Bellebaum/Muth. Opladen 1996. S. 60f.

Nun droht der Einwand, dass nicht nur die klassischen Printmedien zum Flanieren einladen, sondern doch auch und gerade das Internet. Ist das Surfen, Switchen, Browsen oder Navigieren nicht sogar die Avantgarde des Blätterns? In der Tat: Anfang und Ende sind in der Struktur des Hypertextes abgeschliffen. Die Links unterlaufen den linearen Zeichenfluss des einzelnen Textes und versetzen den Leser so in die Möglichkeit, die Abfolge der Textbausteine aktiv mitzugestalten. Die flottierende Lektüre der Schriftzeichen wird durch eine meist bildhafte Dramatisierung des Zeichenarrangements, durch Bildschnittstellen, animiert. Und doch will das Netz nicht - oder zumindest noch nicht - eine derart unauffällige Verlässlichkeit und haptische Präsenz an den Tag legen wie zum Beispiel die gewohnte Journaille. Diese kann sich in einzelnen Fällen zu einer fast symbiotischen Nähe verdichten, wie Uwe Johnson an Gesine Cresspahl, der Heldin seiner *Jahrestage* demonstriert.

„Wenn sie an einem Tag am Strand die Zeitung verpaßt hat, hält sie abends ein Auge auf den Fußboden der U-Bahn und auf alle Abfallkörbe unterwegs, auf der Suche nach einer weggeworfenen, bekleckerten New York Times vom Tage, als sei nur mit ihr der Tag zu beweisen. Sie ist mit der New York Times zu Gange und zu Hause wie mit einer Person, und das Gefühl beim Studium des großen grauen Konvoluts ist die Anwesenheit von Jemand, ein Gespräch mit Jemand, dem sie zuhört und antwortet mit einer Höflichkeit, dem verhohlenen Zweifel, der verborgenen Grimasse, dem verzeihenden Lächeln und solchen Gesten, die sie heutzutage einer Tante erweisen würde, einer allgemeinen, nicht verwandten, ausgedachten: ihrem Begriff von einer Tante"[5].

Das Medium - jenes große graue Konvolut - wird hier also offenbar zum eigentlichen Kalender, zum Zeitmaß von Gesine. Ja mehr noch: Die Zeitung wird zur Zeitigung, zur transzendentalen Begründung des Tages überhaupt. Ohne den bedruckten Bogen auch keine Wirklichkeit. Nebenbei gesagt: Das hermeneutische Kunststück Uwe Johnsons, die nüchterne kantische Erkenntnistheorie durch den Rekurs auf die lebensordnende Kraft von Verwandtschaftsverhältnissen im allgemeinen und von Tanten im besonderen zu vermitteln, verlangt eine tiefe Verbeugung. Für so manchen sind Tage

---

[5]   Uwe Johnson: Jahrestage. Aus dem Leben von Gesine Cresspahl. Frankfurt a.M. 1996. S. 15.

mit Tanten mitunter langweilig. Aber Vorsicht. Denn was heißt Langeweile anderes als irgendwo lange zu verweilen, ziellos zu sein? Und das könnte eine Bedingung der Möglichkeit von Glück sein. Um es mit Kracauer und damit auch schöner zu sagen:

„Menschen, die heute überhaupt noch Zeit zur Langeweile haben und sich doch nicht langweilen, sind gewiß genau so langweilig, wie die andern, die zur Langeweile nicht kommen. Denn ihr Selbst ist verschollen, dessen Gegenwart sie gerade in dieser so betriebsamen Welt dazu nötigen müsste, ohne Ziel und nirgendwo lang zu verweilen ... Immer tiefer werden diese Unglücklichen in das Getriebe hineingemengt, sie wissen zuletzt nicht mehr, wo der Kopf ihnen steht, und jene ausbündige, radikale Langeweile, die sie mit ihrem Kopf wieder vereinen könnte, bleibt ihnen ewig fern"[6].

---

[6]   Siegfried Kracauer: a.a.O. S. 321.

Arnd Brummer

Mission possible
oder: Das lose Bekenntnis der Konfessionslosen

Religion ist in erster Linie immer Erzählung,
die sich mit Ritual, Opfer und Beschwörung verbindet.
Peter Strasser, Philosoph

Journalismus, so lautet ein landläufiges Urteil, kann professionell nur gelingen, wenn er kritisch und unabhängig agiert. Wenn in unserem Beruf das
Adjektiv „kritisch" verwendet wird, folgt oft das Substantiv „Distanz". Journalisten dürfen nicht voreingenommen sein, ja, häufig wird sogar gesagt, sie
müssen einen Misstrauensvorbehalt allen Gegenständen gegenüber an den
Tag legen, mit denen sie sich beschäftigen.

Die Hauptaufgabe von Medien, getreu dieser strengen Denkart, ist kritische Rationalität, ist der stetige Versuch, den Dingen auf den Grund zu
kommen, zu erklären und zu enthüllen. Was Journalismus in einer aufge-
klärten Welt also keinesfalls akzeptieren kann, sind Geheimnisse, sind
Wunder oder ist das Unerklärbare schlechthin. Das macht die Beziehung
zwischen Journalisten (nicht als Privatpersonen) und Religion von vorne-
herein schwierig. Denn die Aufgabe von Religion, wie ich sie an dieser Stelle
verstehen möchte, ist die Behauptung von Geheimnissen. Religion muss
darauf bestehen, dass es einen letzten Wahrheitskern gibt, der sich mit den
Mitteln menschlicher Rationalität nicht aufklären, kaum erklären, allenfalls
erfahren und aus Erfahrung erkennen lässt. Eine solche Position muss professionellen Enthüllern schon a priori verdächtig erscheinen. Echt ist
schließlich nur, was man anfassen und sehen kann.

Journalisten dieser Tradition sind die Erben des Apostels Thomas. Erst,
wenn sie sich persönlich von der Echtheit der Wunde überzeugen können,
vermögen sie auch zu glauben. Umgekehrt sind manche Kollegen geradezu
erleichtert, wenn sich herausstellt, dass hinter einem behaupteten Geheim-
nis nur die bereits vermuteten Banalitäten stecken. Wenn sich etwa durch
knallharte Recherche ermitteln lässt, dass das Blutwunder einer heiligen
Reliquie auf einer besonders raffinierten Manipulation mit Himbeersaft oder

Ketchup beruht, so fühlen sich die Berufenen Zweifler auf bitterschöne Weise bestätigt. Eine Illusion weniger, ein Stückchen mehr Freiheit.

Die Rolle des professionellen Zweiflers in einer gesellschaftlichen Wirklichkeit, in der es von Blendern, Angebern und Rosstäuschern nur so wimmelt, ist unerlässlich. Sie muss besetzt sein im öffentlichen Spiel um Transparenz und Erkenntnis. Und sie ist so gesehen – als demütiger Dienst an der Wahrheit – ein legitimer Nachkömmling der Reformation.

Es mündet aber in die Falle, wenn Journalisten aus der Enthüllung gleichsam eine spezielle Berufsreligion machen. Dies geschieht, wenn sie die Pflicht zur Aufdeckung obskurer Religiosität als Berechtigung zu einem Generalverdacht gegen das Religiöse an sich missverstehen. In die Falle gehen Medien aber auch, wenn sie meinen, sich um die Auseinandersetzung mit dem Religiösen vollständig drücken zu können, sich nur noch mit den sozialen und ethischen Wirkungen der organisierten Religion beschäftigen. Wobei das eben auch das leichteste ist. Wenn das Diakonische Werk oder die Caritas verdienstvoller Weise ihren Beitrag zu einer humanen Welt einbringen, so ist das eine handfeste Thematik. Wenn sich die Kirchen in Deutschland zum Thema Wirtschaft und Arbeit äußern und als Anwälte der Schwachen auftreten, dann ist das allemal berichtenswert. Aber es ist und bleibt eine leichte Übung, die Berichterstattung darauf zu beschränken, gemessen an der Auseinandersetzung mit dem Eigentlichen von Religion, sei es im Christentum, im Judentum, im Islam oder im Buddhismus.

Wollen sich Journalisten mit dem Wesenskern von Religion befassen, müssen sie in mehrfacher Hinsicht kompetent sein. Und weil das nur wenige sind, überlassen sie es gerne offiziellen Vertretern des Glaubens, journalistisch ungelernten Theologen und Geistlichen, religiöse Texte zu produzieren, die dann beispielsweise zu Weihnachten oder zu Ostern auf den Titelseiten der Zeitungen oder in den entsprechenden Formaten der Radio- und Fernsehkanäle präsentiert werden. Die übliche Strickart dieser Beiträge verstärkt in Redaktionen noch die Überzeugung, dass Religion, Kirche oder Theologie nicht in die reale Medienwelt passen. Denn oft genug sprechen oder schreiben die Protagonisten von Kirchen und Religionsgemeinschaften in jenem besonderen Ton, in jener besonderen Sprache, die keine Bodenhaftung mehr in der Alltagswelt der LeserInnen und ZuschauerInnen hat. Dort treten dann die sattsam bekannten musealen Sprachmuster auf, die zur Satire geradezu einladen oder gar selbst bereits – unfreiwillig – Karikaturen von Frömmigkeit darstellen. Mit solcherlei Bekenntnissen kann Journalismus nichts anfangen. Da bleiben Medienmacher – zumindest in ihrer beruflichen Arbeit – lieber bekenntnislos.

Doch ernster, bewusster Journalismus ist ohne Bekenntnis gar nicht zu machen. Das ist nur vielen Journalisten in der täglichen Arbeit nicht klar, obwohl es in der von ihnen verwendeten Sprache von Begriffen und Bildern nur so wimmelt, die im Metaphysischen wurzeln. Allerdings sind diese Metaphern und Begriffe inzwischen so verbraucht, so banalisiert, so abgeschliffen, dass von den Headlinern der Boulevardpresse zum Beispiel ihre urspüngliche Bedeutung gar nicht mehr erfasst wird. Da wird das „Unglück" zum rein technischen Terminus. Da taucht der Begriff „unfassbar" in jeder zweiten Fußballreportage auf. Da wird es bedenkenlos „unglaublich" genannt, wenn politische Skandale in ihrer Dreistigkeit kaum mehr in Worte zu fassen sind. Vom Wettergott Petrus gar nicht zu reden. Es wäre wichtig, Journalisten zu erklären, wie religiös durchdrungen ihre alltägliche Sprache ist.

Das ist der Befund, mit dem sich die Macher des Magazins *chrismon* auseinander zu setzen hatten, als wir vor etwa 1 1/2 Jahren daran gingen, aus der Wochenzeitung Deutsches Allgemeines Sonntagsblatt dieses neue Medium zu entwickeln: Einerseits eine kirchliche, theologische Sprache, festgerostet in menschenleeren Worthülsen. Andererseits eine journalistische Diktion, die bedenkenlos das metaphysische und religiöse Vokabular im Alltag verbraucht hat. Um uns herum nur Sprachwüsten.

Das Bekenntnis musste aus seiner Erstarrung im Gestus der Belehrung befreit werden. Und dabei konnte weder auf den überlieferten kirchlichen Wortschatz zurückgegriffen werden, noch auf die einst metaphysisch schwergewichtigen Begriffe, die inzwischen der Banalisierung im Mediengeschäft anheim gefallen waren. Aber um zu wissen, in welche Worte der Sinn von Religion zu kleiden wäre, muss man erst einmal erkunden, was Religion auch mit einer erneuerten Sprache in Medien zu suchen hat. Uns war dabei von vornherein klar, dass wir uns die Denkweise der Kollegen mancher Nachrichtenmagazine im Umgang mit Religion nicht zu eigen machen konnten und wollten: Religion entweder als Banalität oder als etwas gefährlich Irrationales zu enthüllen. Ebenso wenig konnten wir uns vorstellen, unsere Mission darin zu sehen, das Publikum bestenfalls zu belehren und schlimmstenfalls zu beschimpfen. Mit Sarastro-Journalismus, bei dem

man unter jeden Leitartikel schreiben kann „Wen solche Lehren nicht er-
freuen, verdienet nicht, ein Mensch zu sein", kann kaum noch jemand zur
Beschäftigung mit christlichen Werten und mit den Grundwahrheiten des
Glaubens motiviert werden. Auch fromme Traktate im Gewand der musealen Sprache aus der frommen Kiste schieden aus.

Übrig blieb in diesem Prozess – und das mag für uns Protestanten eine
durchaus erfreuliche Erkenntnis sein – nur das Erzählen authentischer Geschichten von echten Menschen. Das ist ziemlich genau das Verfahren, mit
dem das große, dicke Buch, die Bibel, die Menschen erreicht. Wir stellten
fest: wer die Spuren der Transzendenz, so sagt es Peter L. Berger, im Alltag
finden will, wer die Überzeugungskraft der Religion demonstrieren möchte,
muss die Tugenden wieder entdecken, die im persönlichen Leben einen
Hinweis auf das religiöse Fundament liefern können. Es sind die vier großen
Tugenden des Vorbilds, der Enthaltsamkeit, der Ernsthaftigkeit und der
Kontemplation, die dann überzeugen, wenn sie im wirklichen Leben veror-
tet werden können. Mutterliebe überzeugt zum Beispiel dann, wenn die
Mutter eines Mörders sagt: „Ich kann ihn doch nicht im Stich lassen, obwohl
ich weiß, dass er Abscheuliches getan hat. Er ist doch mein Kind!"

Die Stärke von religiöser, christlicher Erfahrung kommt in tiefen existentiellen Konflikten zu tragen, im verzweifelten Ruf nach der göttlichen
Gerechtigkeit, im Verzicht auf das schnelle Verurteilen, in der Bereitschaft,
es sich dort schwer zu machen, wo man es sich eigentlich furchtbar einfach
machen könnte. Wir haben begonnen, daraus ein Programm zu machen. Ein
Programm, das wir mit allen Mitteln unserer journalistischen Professionali-
tät verfolgen.

Dabei steht an erster Stelle die Selbstverpflichtung zur Wahrhaftigkeit.
Wir wollen ungeschminkt und ohne Schönfärberei von Menschen in ihren
Konflikten erzählen. Wir wollen zuerst wahrnehmen und dann – wenn es
unbedingt sein muss – auch bewerten. Das übliche Verfahren, zuerst zu bewerten und dann – wenn es sich nicht vermeiden lässt – auch wahrzunehmen, halten wir für zynisch.

Wenn man wie beschrieben arbeitet, kommt man relativ schnell zu der
Erkenntnis, dass glaubwürdiges Erzählen nur gelingen kann, wenn man,
soweit es nur eben geht, auf den Einsatz sprachlicher Stereotypen verzichtet,
sowohl der frommen wie der reißerischen Sorte.

Wir wollen genau sein und kraftvoll darstellen. Dafür gibt es übrigens ein grandioses Vorbild, ein Mediengenie ersten Grades: Martin Luther. In seinem Sendbrief zum Dolmetschen hat der Reformator einleuchtend beschrieben, wie Journalisten (und Theologen) vorzugehen haben, wenn sie die Macht der christlichen Botschaft Wort werden lassen wollen.

Wer einer bekenntnislosen Öffentlichkeit klar machen möchte, dass sie gar nicht bekenntnislos ist, sondern lediglich die Quellen ihrer Wertmaßstäbe nicht mehr wahrnehmen kann, muss Wirkungsgeschichten erzählen. Noch mal, um es klar zu zeigen:

- Kein besserwisserischer Sarastro-Journalismus
- Keine frömmlerisch verzückten Betrachtungen
- Keine apokalyptischen Bußpredigten von der Schlechtigkeit der Welt
- Keine aufklärerische Hybris gegen alles angeblich „Geheimnisvolle"

Einen weiteren wichtigen Vorteil hat unser jorunalistischer Ansatz: In einer Welt, in der zweckrationales Denken scheinbar alternativlos ist, können Erzählungen belegen, dass nur der seinen Zwecken entsprechend handeln kann, der bereit ist, mit seinem Leben Antwort auf die große Sinnfrage zu geben. Das meiste bleibt zwecklos, wenn man seinen Sinn nicht versteht.

Wie die Kirchen selbst, vor allem die Kirchen der Reformation, muss Journalismus anerkennen, dass auch in einer zweckrationalen Welt Raum für Mythen bleiben muss. Entmythologisierung der Religion kann nicht der Endpunkt im Umgang mit ihren Phänomenen sein, so wichtig ein solcher Prozess als Durchgangsstadium ist. Allerdings sollte man auch nicht in eine schlichte Remythologisierung verfallen, denn diese führt direkt ins Museum.

Glaubensgemeinschaften, daran führt für mich kein Weg vorbei, sind Erzählgemeinschaften. Sie gruppieren sich um mediale Mythen, in denen die Wahrheit transportiert wird. Aber sie bändigen den Mythos im täglichen Zusammenleben, im Ritual, im Opfer, in der Beschwörung, im Gestus ihres Bekenntnisses. An dieser Elle hat Journalismus, der sich mit Religion und Kirche auseinander setzt, alles zu messen.

Mit journalistischen Methoden muss hinterfragt werden, ob, wann und warum Rituale Kraft und Sinn haben. Sie haben Sinn, so meine These, wenn sich wahrnehmen lässt, dass sie den Menschen zum Leben und im Leben helfen. Das festzustellen heißt nicht zwangsläufig, jedes Ritual, das diesen

Test besteht, zu propagieren. Es heißt aber: Wenn Rituale dem Leben dienen, also nicht inhuman oder lebensfeindlich sind, sind sie zu respektieren, gleich aus welchem religiösen Zusammenhang sie kommen.

Darüber hinaus müssen Medienmacher wieder lernen - auch die von *chrismon* -, dass es möglich sein muss, von Gott ebenso selbstverständlich in Medien zu sprechen wie von Menschen und Dingen. Wir müssen lernen, der Wirklichkeit Gottes auf die Spur zu kommen. Die schlichte Behauptung „es gibt ihn" reicht nicht aus. Wir müssen suchen, wahrnehmen und berichten, also erzählen. Wir müssen Hinweise und Belege aus dem Alltag herbeischaffen und recherchieren, eine Art Stoffsammlung anlegen, aus der sich unser Publikum für seine eigenen Suchbewegungen mit Anhaltspunkten versorgen kann. Material, wie es – ich habe es schon gesagt – auch die ^^^^Geschichten der Bibel selbst darstellen.

Wenn wir dem Inhalt so begegnen, das ist meine Erfahrung, wird es sowohl in den Kirchen als auch in den Medien auf einmal ganz leicht, eine ihm angemessene Sprache zu schreiben und zu sprechen. Sie ist überraschender Weise oft in den Sätzen zu entdecken, die ganz einfache Menschen sprechen, wenn sie versuchen, über Leben und Sterben, über Werden und Vergehen, über Glück und Unglück Auskunft zu geben. Wenn sie zögerlich werden, wenn sie zu stammeln beginnen, wenn sie beim Erzählen inne halten, dann sollten Theologen und Journalisten besonders genau hinhören.

Dominik Bachmair

Wir amüsieren uns zu Tode

1. Warum Information im Fernsehen immer unterhaltsam sein muss

Fernsehen ist das Leitmedium Nummer eins. Es gibt kein Medium, das eine vergleichbare Breitenwirkung erzielt, das in ähnlicher Weise in der Lage wäre, Themen zu setzen und vor allem durch Bilder Meinungen zu verankern[1].

Millionen Deutsche verbringen täglich einige Stunden vor dem Fernseher. Gleichzeitig steht das Fernsehen wie kein anderes Medium im Zentrum der Kritik. Es wird überhäuft mit Vorwürfen, es sei oberflächlich, transportiere Informationen, die keine tatsächliche Relevanz für die Zuschauer böten, und es grenze durch seine Form bestimmte Themen aus, die sich nicht in Bilder fassen ließen. Diese Vorwürfe sind berechtigt, wenn man die formale Umsetzung im Fernsehen mit der in Zeitungen oder Büchern vergleicht. Im täglichen Programm der Fernsehsender lassen sich immer Beispiele finden, die diese Kritik erhärten.

Der Bericht über eine genetisch bedingte Krankheit bei der SAT 1-Sendung Blitz ist oberflächlich und voyeuristisch im Vergleich mit der Darstellung in einer medizinischen Fachpublikation. Der Auftritt von Popsänger Dieter Bohlen in der Johannes B. Kerner Show beim ZDF hat keinerlei Relevanz im Vergleich mit der Lektüre einer sozialwissenschaftlichen Studie. Doch genau diese Vorwürfe, so berechtigt sie für den Einzelnen sein mögen, werden dem Medium nicht gerecht, weil sie die Regeln des Fernsehens vernachlässigen.

Informationen lassen sich audiovisuell nicht so aufbereiten und kommunizieren wie in anderen Medien. Es reicht nicht mehr, einfach Qualität zu senden, wie häufig gefordert wird, in der Hoffnung, die Menschen sähen es sich schon an. Das ging gerade noch gut, solange die Zuschauer aus nur drei Programmen auswählen konnten. Mit der Einführung der Privatsender, die begleitet wurde durch eine Expansion auf dem Zeitungs- und Zeitschriften-

---

[1] Eine Ausnahme auf dem Zeitungsmarkt ist nur die Bildzeitung, die mit täglich rund zwölf Millionen Lesern eine ähnliche Reichweite besitzt.

markt sowie einen Internetboom, haben sich die Regeln der Kommunikation und damit die Arbeitsbedingungen der Journalisten im Zeitalter der Informationsgesellschaft verändert.

Im deutschen Fernsehen existiert ein Leitmotiv, ohne das dieses Medium nicht mehr zu funktionieren scheint: die Unterhaltung. Man findet ihre Elemente nahezu überall: Erzählformen von informativen, dokumentarischen TV-Beiträgen orientieren sich zunehmend an den fiktionalen Erzählformen des amerikanischen Kinos. Eine differenzierte Berichterstattung wird auf leicht verständliche Slogans reduziert. Statt der Themen stehen immer mehr Menschen als Stars im Vordergrund. Vor allem aber wird die Information durch die Emotion auf dem Bildschirm verdrängt. Und das sind nur einige Formen der Unterhaltung, wie man sie heute findet. In Anlehnung an Neil Postman soll im Folgenden beispielhaft erklärt werden, wie das Entertainment erst das Fernsehen eroberte und anschließend über die Grenzen des Bildschirms hinaus von anderen Feldern wie der Politik Besitz ergriffen hat. Dabei möchte ich deutlich machen, wie Kommunikation im Fernsehen für eine bestimmte Zielgruppe weitgehend nur noch unter Einhaltung der Unterhaltungsregeln möglich ist. Eine Quotenanalyse der Informationsprogramme der sechs großen deutschen Sender soll die These verdeutlichen. Anschließend wird dargelegt, welche Schwierigkeiten Medienmacher und Journalisten heute bewältigen müssen und unter welchen Bedingungen Fernsehkommunikation gelingen kann.

2. Der Siegeszug des Entertainment –
wie Unterhaltung das Fernsehen bestimmt

Vor mehr als 15 Jahren schrieb Neil Postman seine Fernsehkritik unter dem unterhaltsamen Titel „Wir amüsieren uns zu Tode". Er habe ja gar nichts gegen die Unterhaltungssendungen im Fernsehen, die zwar blöde aber ungefährlich seien. Massive Kritik übt er allerdings an der Tendenz des Mediums Fernsehen, einfach alles unterhaltsam zu präsentieren.

„Unsere Priester und Präsidenten, unsere Chirurgen und Anwälte, unsere Pädagogen und Nachrichtensprecher brauchen sich nicht sonderlich zu mühen, um den Anforderungen ihrer Fachgebiete zu genügen, sie müssen vor allem den Anforderungen gewachsen sein, die an eine gute Show gestellt werden"[2].

Muss wirklich alles unterhaltsam sein? Gegen viele verzweifelte Argumentationsversuche von Seiten der Wissenschaft, aber auch von Medienmachern aus künstlerischen Spartenprogrammen muss man diese Frage eindeutig mit Ja beantworten, wenn man die großen Fernsehsender betrachtet. Postmans Kritik trifft einenhalb Jahrzehnte später in vollem Maße auf die deutsche Fernsehlandschaft zu. Sicher existieren Formate, die sich in ihrer inhaltlichen Auswahl und der formalen Umsetzung stark am Objekt der Beschreibung orientieren und diesem auch thematisch gerecht werden. Die öffentlich-rechtlichen Rundfunkanstalten bieten die Nischen für solche Formate. Beispiele sind Dokumentationen und Reportagen, Kultursendungen und Wissensformate bei ARD und ZDF, sowie die Programme der Fernsehsender Arte und 3Sat. Interessant sind sie, auch greifen sie oft wichtige Themen auf und bereiten sie in einer seriösen Art auf, aber sie sind für eine breite Öffentlichkeit nicht spannend im Sinne der Unterhaltung. Sie erzielen keine Quote und stellen nicht zuletzt dadurch das Gegenstück zum breiten Fernsehen der großen Privatsender dar.

Die RTL-Gruppe dominiert gemeinsam mit den Sendern der Kirchgruppe den Markt. Sie bestimmen Inhalte und die Form der Vermittlung. Im Fokus ist die Kernzielgruppe, die man weithin unter dem Titel „werberelevante Zuschauer von vierzehn bis neunundvierzig Jahren" kennt. Alle Programmelemente, die nicht spannend genug für die Kernzielgruppe sind, werden entfernt. Abgesehen von Kulturangeboten fehlen bei den großen Sendern die klassischen Wirtschaftssendungen oder auch politische Hintergrundberichte. Dauerthemen wie der Palästinakonflikt spiegeln sich in den privaten Programmen seltener wider als bei den öffentlich-rechtlichen Sendern. Sind die Sender aber z.B. aus rechtlichen Gründen gezwungen, Themen zu senden, die kaum das Interesse der Zielgruppe finden, so überlegt man sich Mittel und Techniken, sie spannender zu gestalten.

---

[2]   Neil Postman: Wir amüsieren uns zu Tode. Urteilsbildung im Zeitalter der Fernsehindustrie. Frankfurt am Main 1988. S. 122.

3. Wie das Fernsehen seine Macht ausspielt
und die Politik unterhaltsam wurde

Wie sehr Neil Postmans Kritik, dass das Fernsehen seine Regeln auf alle anderen Bereiche ausdehne, zutrifft, konnte man im Bundestagswahlkampf 2002 beobachten. Ohne Fernsehen sind Politiker oft weder spannend noch lustig oder unterhaltsam. Schließlich sind sie Politiker und keine Entertainer. Sie erläutern Ergebnisse aus Arbeitsgruppen, präsentieren komplexes Zahlenwerk oder schwer zu durchschauende Verflechtungen. Solange Politik in einem nicht medialen Raum stattfindet, ist das unproblematisch. Doch Politiker brauchen alle Jahre wieder die Aufmerksamkeit von Nicht-Politikern, um gewählt zu werden. Deswegen gehen sie in die Medien. Doch hier herrschen andere Gesetze als in den Ausschüssen des Bundestages. Vor allem die jungen Zuschauer der werberelevanten Zielgruppe nutzen zu großen Teilen die Freiheit der Fernbedienung und zappen die Politiker weg. Um die Menschen zu erreichen, haben viele Politiker den oft diskutierten Paradigmenwechsel von der Hol- zur Bringschuld mitgemacht. Sie folgen dem Unterhaltungsanspruch ihrer Wähler, exakt so wie es Postman beschrieben hat. Manche Biografien lesen sich wie Drehbücher für mediale Promotionauftritte in der Politszene.

Um eine große Rolle im großen Fernsehen zu spielen, legen sich Politiker ins Zeug. Allen voran ist Verteidigungsminister Rudolf Scharping zu nennen. Um auf die Titelseiten der Klatschblätter und damit ins Blickfeld vieler unpolitischer Wähler zu gelangen, musste er sich erst von seiner Ehefrau trennen - Emotionen kommen immer gut an -, sich in eine Adlige verlieben - Aristokratie genießt immer noch bei vielen Zuschauern hohes Ansehen - und während des Mazedonieneinsatzes in einem mallorquinischen Pool planschen. So kommt man auf die Titelseite der Bunten und wird zur Topnews aller Fernsehformate.

Scharping ist kein Einzelfall. Bundeskanzler Schröder unternahm die Kanzlerreise in den Osten. Was ist vielen Menschen davon im Gedächtnis geblieben? Politische Inhalte? Weit gefehlt. Es ist ein Song. Durch den prägnanten Satz „Hol mir mal ne Flasche Bier, sonst streik ich hier" wurde Stefan Raab auf den Kanzler aufmerksam und verpackte das Zitat in einen Rapsong. Dadurch ist auch ein deutscher Bundeskanzler in die Charts eingezogen.

Am deutlichsten wird die Methode der Unterhaltungspolitik bei der FDP. Diese Partei ist ohne Entertainment nicht mehr denkbar. Vorreiter ist der jetzige Parteivorsitzende Guido Westerwelle, der die Gunst der Stunde nutzte, um komplett unpolitisch ins Fernsehstraflager Big Brother zu gehen. Aber vor allem Jürgen W. Möllemann brachte seinen Fallschirm bei jeder Gelegenheit zum Einsatz und wurde damit bisher nicht nur in seinem Bundesland Nordrhein-Westfalen recht erfolgreich. Allerdings hat gerade Möllemann die Kehrseite dieser Strategie erfahren und wurde zum öffentlichen Sündenbock für das schlechte Wahlergebnis gemacht. Der tiefe Fall des Helden ist ein populäres Motiv der Unterhaltung.

Bisher klingt es noch wie ein schlechter Witz, wenn man darüber nachdenkt, dass Harald Schmidt deutscher Bundeskanzler werden könnte. Schließlich hat er zu Wahlkampfzeiten die Auseinandersetzung mit dem Unionskanzlerkandidaten Stoiber so effektiv geführt, dass sie lobend Erwähnung in Deutschlands großen Zeitungen erhalten hat. Oder dass Stefan Raab Bundesinnenminister wird, der zu Abschreckung Kriminellen den „Raab der Woche" verleiht. So unwahrscheinlich das klingen mag, man muss sich nur an die Verhältnisse in den USA erinnern. Dort verkörpern schon seit geraumer Zeit immer wieder Unterhaltungsgrößen die Rolle von führenden Politikern in Washington D.C. besser als Berufspolitiker selbst.

Der Trend geht in Deutschland in diese Richtung, das hat die Bundestagswahl 2002 deutlich gezeigt. Die Wahl wurde nicht durch die Leitartikel der Zeitungen entschieden und auch nicht durch die Reden im Bundestag. Die Wahl wurde im Fernsehen und über das Fernsehen entschieden. Und die Politik musste sich auf die Regeln des Fernsehens einlassen und damit auf die Regeln der Unterhaltung.

4. Der Siegszug der Unterhaltung - Schuld ist nur der Zuschauer

Warum aber müssen heute die meisten Fernsehangebote unterhaltsam, leicht und gut bekömmlich sein? Ein Grund liegt im Medium selbst. Die audiovisuelle Kommunikation setzt eine Art der Kommunikation voraus, die einfacher ist als die der Schriftform. Dabei handelt es sich schlicht um eine Frage der Verständlichkeit. Doch das allein erklärt noch nicht den Siegeszug der Unterhaltung. Neben Geschmacksfragen der Zuschauer liegt eine der Hauptursachen in der Konkurrenz der Fernsehsender. Um sich am Markt etablieren zu können, mussten die privaten Fernsehsender von Anbeginn eine Alternative zum öffentlich-rechtlichen Runfunk darstellen. In gewisser Weise professionalisierten sie das Fernsehen, weil sie sich der Aufgabe stellten, mit sehr viel feineren Methoden herauszufinden, was die einzelnen Zuschauergruppen wünschen. Sie hatten Erfolg dabei: Privatfernsehen funktioniert gerade, weil die Programme auf die Klientel der Sender zugeschnitten sind. In den vergangenen zwölf Monaten erreichten die Sender der RTL-Gruppe 30,2 % der jungen Zuschauer, die Sender der Kirchgruppe 31,1 %; ARD, die Dritten und das ZDF gemeinsam 24,3 %[3].

Dabei setzen die Privatsender auf Themen, die nicht dem Anspruch der klassischen Information gerecht werden, sondern weitgehend dem Bereich der Unterhaltung zugerechnet werden müssen. Welchen Mehrwert hat es, wenn die Zuschauer einer 150 Kilogramm schweren Frau aus den USA bei ihren Abnehmversuchen zusehen[4]? Welchen Nutzen ziehen die Menschen daraus, wenn zwei Hobby-Rennfahrer selbstgebaute Bobbycars mit Rasenmähermotor vorführen[5] oder die Zuschauer Ralph Siegels glücklose Suche nach einer Partnerin verfolgen[6]? Keinen, es handelt sich um Unterhaltung, die mit Informationsanteilen gespickt ist, um sogenanntes Infotainment.

Die Zuschauer entscheiden sich dafür, und dabei ist klar, dass die reine Form der Information, wie sie die klassischen Nachrichtensendungen, die Kulturprogramme und die politischen Magazine präsentieren, weite Teile der Bevölkerung nicht mehr erreicht. Die Zuschauer zappen sich dahin, wo sie wollen, und nicht dorthin, wo Produzenten und Journalisten sie gerne hätten. Um das zu verdeutlichen, ein Auszug aus einer beliebigen Quotener-

---

[3] Basis: Sevenone Media Marketing Operations auf Grundlage der GFK-Zahlen. Die Marktanteile beziehen sich auf den Zeitraum Februar 2001 bis Ende Januar 2002. Zur Kirchgruppe gehören die Sender PRO 7 (13,3%), SAT 1 (11,6 %), Kabel 1 (5,2 %) und DSF (durchschnittlich 1 %). Zur RTL Gruppe gehören RTL (17,9 %), RTL II (5,7 %), VOX (4,3 %) und Super RTL (2,4 %). Hier nicht erwähnt sind Spartensender wie Arte, 3SAT, NTV, N24. Bezieht man die Zuschauer unter 14 Jahre und über 49 Jahre mit ein, so verschiebt sich die Konstellation zu Gunsten der Öffentlich-rechtlichen.

[4] Gesendet von Explosiv.

[5] Gesendet bei Günther Jauch in Stern TV.

[6] Mehrfach in TAFF, BLITZ und Explosiv gesendet.

hebung[7]: Von 22:15 Uhr bis 23:13 Uhr saßen insgesamt über 18 Millionen Deutsche vor ihren Fernsehgeräten. Die größte Gruppe unter den Zuschauern ab drei Jahren, das ist rund ein Drittel, entfällt auf zwei Programme. Das Boulevardmagazin Extra auf RTL erreicht 21,8 %, das entspricht 3,88 Millionen Zuschauern. Die Unterhaltungssendung TV Total auf PRO 7 erreicht 12,2%, das entspricht 2,1 Millionen Zuschauern. Immerhin noch 11,1 % und damit 1,88 Millionen Deutsche nutzen mit den Tagesthemen in der ARD das zu dieser Zeit einzige politische Informationsangebot.

Sehr viel deutlicher wird die Zuschauerentscheidung, wenn man den Fokus auf die Zielgruppe der 14- bis 49-Jährigen verengt. Obwohl man hier oft von den Jungen spricht, handelt es sich doch eigentlich um die Mitte der Bevölkerung und einen Großteil der arbeitenden Gesellschaft. Hier entscheiden sich allein für die Programme RTL-Extra und PRO 7-TV-Total 3,77 Millionen Menschen. Das sind 44,9 % und damit fast die Hälfte der Zuschauer. Die Tagesthemen erreichen in dieser Zielgruppe mit 4,6% lediglich 430 000 Zuschauer.

Das Politik- und Kulturangebot ist da, es wird jedoch nicht genutzt. Das politische Hintergrundstück verblasst neben einem bunten Lifestylebeitrag. Der deutsche Fernsehmarkt weist eine deutliche Diskrepanz zwischen den Zuschauern über 50 Jahren und den jüngeren auf. Die älteren nutzen die Angebote von ARD und ZDF und stellen hier treue Stammzuschauer dar. Von den Privatsendern gelingt es lediglich RTL, in beiden Zielgruppen ähnlich erfolgreich zu sein. Ansonsten sehen die unter 50-Jährigen überwiegend private Fernsehprogramme. Die öffentlich-rechtlichen Programme werden nur an nachrichtenrelevanten Tagen genutzt. Die Privaten erringen ihre Siege in der Unterhaltung. Sie bieten auch in den als Informationsprogramm klassifizierten Sendungen spannende Themen nach den Regeln des Entertainment.

Warum senden die privaten Sender nicht mehr Politik, Kultur, Soziales? Warum finden die eigentlich bedeutenden Themen wie Rentenreform, Nahostkonflikt und Zuwanderung nur noch in den öffentlich-rechtlichen Programmen statt, also weitgehend unter Ausschluss der unter 50-jährigen Zuschauer? Die Antwort der Programmmacher ist einfach: es lohnt sich nicht.

---

[7] Die Einschaltquoten beziehen sich in diesem Beispiel auf den 04.03.2002.

Man erreicht zu wenig Zuschauer, um damit die teuren Informationsprogramme refinanzieren zu können.

Durch die Quotenerhebung der GFK ist es möglich, Zuschauerwanderungen sehr exakt nachzuvollziehen, etwa nach Alter und Geschlecht. In der Sendung TAFF im März - ein Beispiel für das Sehverhalten vieler Zuschauer - verlief laut Analyse die Zuschauerwanderung folgendermaßen: Mit dem Start um 17 Uhr gewinnt die Sendung mit einem Beitrag, der den Fall eines Familiendramas behandelte, Zuschauer von allen anderen Sendungen hinzu, die zeitgleich ausgestrahlt werden. Der Beitrag berichtete über einen Mann, der seine Frau und seine Kinder erschossen hatte. Anschließend schalten noch mehr Zuschauer bei der Geschichte über die Tragödie am 11. September und die Arbeiten an Ground Zero ein. Nachfolgend verliert die Sendung viele Zuschauer beim Nachrichtenblock, dessen erstes Thema der Nahost-Konflikt ist. Beiträge über Britney Spears und ihr deutsches Pendant Janette Biedermann holen viele Zuschauer wieder zurück. Die meisten Zuschauer dieser Sendung treffen für sich eine klare Programmentscheidung für Unterhaltung, denn auch die ernsten Themen wie das Familiendrama bedienen sich stärker der fiktionalen Formen als der dokumentarischen, klassischen Information, und gegen Nachrichtenthemen.

Das Verhalten der Zuschauer zwingt Programmmacher dazu, die Information zielgruppengerecht aufzubereiten. Diese Entwicklung findet übrigens nicht nur im Fernsehen statt. Andere Medien, aber auch Politik und Werbung haben erkannt, dass sie die Zielgruppen differenziert betrachten müssen. Es macht einen gravierenden Unterschied aus, ob man für die sogenannte Informationselite sendet, also jene Menschen, die sich durch einen hohen Grad an Vorbildung und ein allgemeines Interesse an neuen Informationen auszeichnen, oder für das Millionenpublikum der Infotainmentsendungen. Die Informationselite ist wissbegierig und ihr Interesse schneller geweckt. Zuschauer einer Sendung wie Taff auf PRO 7 sind dagegen in ihrem Fernsehverhalten äußerst intolerant. Es ist schwierig, sie für ein neues Thema zu begeistern, das nicht innerhalb ihres bisherigen Erfahrungshorizonts liegt. Um das Interesse dieser Zuschauer zu wecken, müssen sich die Fernsehproduzenten und Journalisten sehr viel mehr bemühen.

Kritiker des unterhaltenden Fernsehens wie Neil Postman fordern häufig, einfach mehr Qualität zu senden. Dieser Ansatz scheitert, weil die Zuschauer zu jeder Zeit eine spannende Alternative in einem anderen Programm finden und diese auch nutzen. Qualität ist als Ansatz ohnehin sehr subjektiv. Will man die Zielgruppe der großen Fernsehsender erreichen, so besteht die Herausforderung darin, ihnen mit formalen Mitteln die Relevanz eines Themas für ihr Leben und ihren Alltag zu verdeutlichen.

5. Muss denn alles unterhaltsam sein? – die neuen Herausforderungen der Fernsehmacher

Die Unterhaltung als Leitmotiv im Fernsehen, das große Programmangebot, das den Zuschauern viele Wahlmöglichkeiten bietet, sowie die Vorlieben der Zuschauer stellen die heutigen Journalisten vor andere Herausforderungen als noch vor fünfzehn Jahren. Es ist schwieriger geworden, Menschen Informationen so anzubieten, dass sie diese auch annehmen und nicht kontinuierlich zappen. Das Feld der Kommunikation hat sich verändert, es wird bestimmt durch die Schlagwörter Aufmerksamkeit, Ökonomie und Eventkultur.

Die Aufmerksamkeit ist dabei das zentrale Problem. Die Informationsgesellschaft ist überfordert, sie hat wie Georg Franck in „Die Ökonomie der Aufmerksamkeit"[8] darlegt, nur eine begrenzte Rezeptionskapazität, d.h. die Menschen sind tagtäglich zu vielen Reizen ausgesetzt, sie sind mit zu vielen Informationen konfrontiert. Die angesprochene Informationselite zeichnet sich durch die Fähigkeit aus, ihre Aufmerksamkeit auf die für sie wichtigen Themen zu lenken. Sie lässt sich nicht von für sie unwichtigen Themen ablenken und ist so in der Lage, von den ausgesandten Informationen relevante Aspekte herauszufischen und diese Informationen in Wissen umzuwandeln - News you can use.

Die Mehrheit der Fernsehzuschauer ist auch selektiv, aber nicht im gleichen Maße zielorientiert. Das erkennt man wiederum am Zapping-Verhalten. Die meisten Menschen setzen sich hin, um fern zu sehen, und erst wenn das Gerät läuft, suchen sie für sie interessante Sendungen heraus. Ihre Auswahlkriterien sind vielschichtig, der Nutzwert einer Sendung steht jedoch häufig nicht an erster Stelle. In diesem Sehverhalten sieht die Forschung einen wichtigen Grund dafür, dass die Wissenskluft zwischen den

---

[8]   Georg Franck: Die Ökonomie der Aufmerksamkeit. München 1998.

Gesellschaftsgruppen mit dem Fernsehen größer und nicht wie vor Jahrzehnten noch angenommen kleiner wurde.

Die Vielfalt des Angebots führt zu einer völlig anderen Mediennutzung. Es sind nicht allein die Fernsehsender, alle Medien stehen in Konkurrenz zueinander und zu nicht medialen Freizeit- und Berufsangeboten. Fernsehen, Radio, Internet, Kino, Fußballspielen und Familienleben fordern jeweils ihren Teil vom Zeitbudget der Menschen, und weil das Angebot heute größer ist, bleibt für die einzelnen Aktivitäten weniger Zeit übrig. Es fällt aber auch ungleich schwerer, Entscheidungen zu fällen und sich auf einige Angebote aus der gesamten Palette zu beschränken. Darauf müssen sich die Fernsehjournalisten einstellen. Sicherlich besteht ihre Arbeit weiterhin darin, mit einer soliden Recherche Inhalte zu erstellen. Doch die formale Umsetzung dieser Inhalte nimmt mehr Raum und Zeit ein.

Die komplexeste Herausforderung ist es, mit der Aufmerksamkeit des Publikums zu arbeiten. Wie erzeugt man in einem Überangebot von Information Aufmerksamkeit für ein einzelnes Thema? Wie bringt man die Zuschauer dazu, etwas spannend zu finden, dran zu bleiben und nicht weiter zu zappen? Die Generierung von Aufmerksamkeit ist die Grundvoraussetzung dafür, einem Menschen via Television Informationen zu vermitteln.

Will man die angepeilte Zuschauergruppe erreichen, ihre Aufmerksamkeit erwecken, so wirkt sich das zunächst auf die Wahl des Themas aus. Eine prinzipielle Anforderung an ein Thema, damit man es erfolgreich senden kann, ist, dass die Zuschauer sofort in den ersten Sekunden etwas damit anfangen können. Das Thema muss für sie in ihrer Lebenssituation Bedeutung haben oder zumindest so interessant sein, dass ihre Neugierde befriedigt wird. Das Thema darf nicht bereits überstrapaziert sein, sonst läuft man Gefahr, dass die Zuschauer des Themas überdrüssig sind und wegschalten. Das Thema darf an sich nicht zu komplex sein, da sich die meisten Zuschauer nicht viel Zeit nehmen, um sich auf etwas Unbekanntes einzulassen.

Ein Beispiel aus der Wirtschaft: Im Jahr 1997 konnte man mit den Begriffen Aktien, IPO[9] und Shareholder Value kaum Menschen begeistern. Es gab in Deutschland keine wirkliche Aktienkultur, die Menschen hatten keinen Zugang zu diesem Thema, folglich fiel es schwer, ihre Aufmerksamkeit

---

[9]   Initial Public Offering ist der Fachbegriff für den Börsengang eines Unternehmens.

darauf zu lenken. Nur drei Jahre später wollten viele Deutsche an der Börse mit Aktien reich werden. Es kamen neue Sendungen zum Thema Wirtschaft und Aktien wie z.B. die Telebörse beim Nachrichtensender NTV. Das Interesse war groß, und dementsprechend leicht fiel es, dafür Aufmerksamkeit zu generieren. Nur eineinhalb Jahre später folgte der Börsencrash, die Menschen hatten viel Geld verloren und waren des Themas überdrüssig. Es wurde wieder schwieriger, die Aufmerksamkeit auf das Thema Aktien zu lenken. Die Einschaltquoten der Telebörse belegen diese Entwicklung. In der Hochphase des Aktienbooms sahen bis zu 1,5 Millionen Menschen täglich die Sendung. Nach dem Crash stürzte auch die Quote auf 600 000 Zuschauer, um dann sogar noch weiter zu schrumpfen.

Bestimmte Themen sind *Abschalter.* Dazu gehören mittlerweile auch die Begriffe BSE-Krise, Nahost-Krise, Renten- oder Steuerreform. Es sind Themen, die für viele Zuschauer häufig zu komplex sind, die zu viel Vorbildung verlangen, und bei denen sie das Gefühl haben, es ändere sich ohnehin nichts, warum also Zeit darauf verschwenden. Welche Themen sogenannte *Einschalter* sind, hängt maßgeblich von den Interessen der einzelnen Zielgruppen ab und davon, ob sie in ihren Alltag passen. Junge Mädchen schalten sofort bei ihren Helden der Popbranche wie Britney Spears ein, weil diese ihre eigenen Hoffnungen widerspiegeln. Mütter haben häufig ein großes Interesse an Beiträgen über Familienschicksale, weil sie hier beispielhaft die eigenen Ängste betrachten können. Junge Männer sind begeistert von Technikprodukten als Symbole des Erfolgs.

Diese *Einschalter* kann man sich zu Nutze machen, um komplexe Themen interessant zu gestalten, die eigentlich die Zielgruppe nicht interessieren. Ein Beispiel aus den Infotainmentsendungen des Jahres 2002 soll diese Möglichkeit verdeutlichen. Weltweit gibt es eine nicht unbedeutende Zahl von Menschen, die unter einer sehr schmerzhaften Stoffwechselkrankheit leiden, die Organe angreift und zerstört. Abgesehen von Medizinern und Patienten gab es kaum Menschen, die an Informationen über die Krankheit interessiert waren. Die Materie war zu schwierig, die Krankheit für viele Menschen kein Thema in ihrem eigenen Leben. Die Popsängerin Anastacia, die in diesem Jahr durch ihren Fußballweltmeisterschaftssong berühmt wurde, leidet an genau dieser Krankheit. Einige Sendungen haben dann die Informationen über die Krankheit als Geschichte über Anastacia vermittelt und so die nötige Aufmerksamkeit bei ihren Zuschauern erzeugt.

Dieses Prinzip entstammt der Werbung und wird dort Testimonial Advertising genannt. Die Stars der Unterhaltung, ob Sänger, Sportler oder Schauspieler, stehen als eine Art Zeugen für ein Thema zur Verfügung. Wie gut das funktioniert, kann man wiederum in der Politik betrachten. In Amerika ist es schon lange üblich, dass Politiker die Nähe zu Popstars suchen, aber auch hier in Deutschland wollten beim letzten Wahlkampf viele Politiker ein wenig vom Glanz der Prominenz erhalten. Da sich Zielgruppen für nahezu alles interessieren, was im Zusammenhang mit ihren Stars steht, sehen sie auch politische oder eben medizinische Beiträge an. Solche Beiträge lassen sich aber nicht mit der klassischen politischen oder medizinischen Berichterstattung vergleichen. Sie bieten in der Regel weniger Informationen. Je mehr sich solche Beiträge dem Fiktionalen annähern, desto weniger dokumentarischen Charakter besitzen sie, aber desto mehr Menschen werden dadurch erreicht.

Verbunden mit der Problematik der Aufmerksamkeit sind weitere formale Elemente der Darstellung. Hierbei geht es vor allem um Erzählstrategien und die Qualität der verwendeten Bilder. Wie schon erwähnt, um die breite Zuschauergruppe der großen Fernsehsender müssen sich Journalisten stärker bemühen. In anderen Worten bedeutet das, sie müssen Geschichten so spannend erzählen, dass die Aufmerksamkeit ihrer Zuschauer erhalten bleibt. Dabei orientieren sich Fernsehjournalisten mittlerweile überwiegend an den Regeln des kommerziellen Kinos und hier vor allem an den Heldengeschichten. Der Aufbau eines Beitrages erfolgt meist über Exposition, Konflikt und Happy End eines Protagonisten, also der Aufstieg und Erfolg eines Helden. Ebenso wie Hollywood Inhalte auf einige wenige Merkmale reduziert, so vermeiden Fernsehjournalisten häufig eine allzu große Differenzierung. TV-Beiträge wie Kinofilme brauchen eine klare Aussage, so lautet die Regel des Fernsehens.

Im Bereich der Erzählstrategien nehmen wiederum die Bilder eine zentrale Rolle ein. Ihre Qualität ist häufig entscheidend dafür, ob die Zuschauer einen Beitrag bis zu Ende sehen. Qualität bedeutet in diesem Zusammenhang, dass die Bilder stark genug sind, um für sich alleinstehend eine Geschichte transportieren zu können. Die Tagesschau legt ihren Schwerpunkt in der Darstellung auf die textliche Vermittlung von Inhalten. Die Bilder bestehen häufig aus Außenaufnahmen von Gebäuden oder Politikern auf dem Weg in den Bundestag. Auf der visuellen Kommunikationsebene sind diese Bilder kaum stark genug, um Effekte zu erzielen.

Infotainment-Sendungen dagegen nutzen Bilder, die an sich mehr Spannung transportieren, einen eigenen Reiz besitzen und folglich stärker emotionalisieren. Doch solche Bilder zu filmen, ist zeit- und vor allem kostenintensiv. Ein Thema bildstark umzusetzen ist eine Voraussetzung dafür, bestimmte Zuschauergruppen zu erreichen. Es ist bis heute noch nicht gelungen, Themen wie die Steuerreform in einer Art zu bebildern, dass sie für eine breite Zuschauerschicht ansprechend wirken.

Wer Inhalte vermitteln möchte, muss sich folglich heutzutage vor allem um die Form der Vermittlung bemühen. Hier gilt die gleiche Faustregel wie im klassischen Design. Eine Verpackung ohne Inhalt ist nichts wert, aber ein Inhalt ohne Verpackung macht eben auch nichts her. In welchem Verhältnis Form und Inhalt im Fernsehen zueinander stehen, belegt eine Studie der University of Columbia. In dieser Untersuchung wurde herausgefunden, welche Komponenten eines Fernsehbildes die Zuschauer heranziehen, um sich ein eigenes Bild zu machen, also für sich Bedeutung zu erschaffen. Wenn ein Nachrichtensprecher eine Nachricht verliest, so sind nach dieser Untersuchung für die Zuschauer zu 55 % nonverbale Faktoren wichtig, wie das Aussehen, die Kleidung, die Bildarchitektur und die Farben. 38 % entfallen auf die Stimme und den Ton und nur 7 % bleiben für den eigentlichen Inhalt.

Das ist auch der Grund dafür, dass moderne Fernsehsender konzentrisch aufgebaut sind. In der Mitte existiert eine kleine Einheit von Content-Produzenten, die Inhalte erstellt. Um sie herum gruppieren sich Einheiten, die sich ausschließlich um die Form kümmern: On-Air Design, Marketing, Presseabteilung, Studiodekoration, Styling etc. Fernsehjournalisten sind in diesem Sinne eher Mediendesigner, die ihre Inhalte spannend verpacken. Eine gelieferte Information muss immer neugierig machen auf das, was folgt. Audience Flow ist der Begriff in der Fachsprache, er beschreibt nichts anderes als Aufmerksamkeit generieren und halten.

Eine Konsequenz der beschriebenen Entwicklung ist, dass man sich selbst, das Thema oder die Sendung zum Event stilisieren muss, um in der Medienvielfalt überhaupt noch aufzufallen. Einzelne Beiträge gehen in der Masse unter. Die Information muss zum Ereignis werden. Auf diesem Weg erhält sie eine größere und vor allem längerfristige Aufmerksamkeit. „Wet-

ten dass ... " als Unterhaltungssendung hat hier Maßstäbe gesetzt. Bereits Tage vor der Sendung beginnt Thomas Gottschalk damit, Interviews zu geben. Aufregung wird künstlich erzeugt, indem Fragen aufgeworfen werden, ob die „Luder" in einer Familiensendung auftreten dürften, ob Gottschalk selbst professionelle Gag-Schreiber bräuchte oder ob er Olympiasiegerinnen mit dem falschen Namen anspricht. So trivial die Beispiele klingen, sie reichen bereits aus, um in vielen Zeitungen und anderen Fernsehsendungen Themen zu setzen. Thomas Gottschalk ist nicht mehr Gastgeber einer Sendung, sondern selbst ein Medienereignis, über das man auch Tage nach der Sendung noch spricht. Auch schlechte Presse ist gute Presse, Hauptsache man spricht darüber, so lautet der PR-Leitsatz heutzutage. Wenn über etwas nicht gesprochen wird, wird es als Thema auf breiter Ebene nicht wahrgenommen.

Gleiches gilt für Informationen. Durch die Vielfalt der Sendungen fällt nur noch diejenige auf, die sich selbst zum Event stilisiert. Dazu gehören auch die Mittel des Direktmarketings. Unter einer Dachmarke, in diesem Fall dem Namen der Sendung, werden Promotionartikel verschenkt oder verkauft, Partys gefeiert, Reisen veranstaltet und vor allem eben wird darüber gesprochen. Informationssendungen können zum Event werden, wenn es ihnen gelingt, die Bedeutung ihrer Themen zu vermitteln und Emotionen zu erzeugen: Wut, Ärger, Enttäuschung, Belustigung.

6. Und was passiert jenseits des Amüsements?

Die beschriebenen Grundlagen führen zu dem Programm, das wir heute in Deutschland sehen. Es existiert eine begrenzte Anzahl von immer wiederkehrenden Themen, die Unterhaltung sorgt für einen durchgängigen Good-Feel-Faktor und die Konzentration auf formale Aspekte zu einer Bilderwelt, die auf die Sensation gerichtet ist. Es ist die Aufgabe der heutigen Fernsehjournalisten, sich diese Regeln zu Eigen zu machen und sich eben nicht auf den Standpunkt zurückzuziehen, dass Qualität nur existiert, wenn möglichst wenig Menschen daran teilhaben.

Sie sollten sich im Gegenteil darum bemühen, das Interesse großer Zuschauergruppen für weitere und durchaus sperrige Themen zu wecken.

Durch diese Art der Darstellung kann das Medium Fernsehen zwar viele Menschen erreichen, gleichzeitig jedoch verhältnismäßig wenig Informationen vermitteln. Dadurch, dass viel Sendezeit darauf verwandt wird, Aufmerksamkeit zu erzeugen und Geschichten spannend zu erzählen, bleibt weniger Zeit für die eigentlichen Inhalte. Fernsehen kann auf diesem Weg Themen lediglich anreißen, weiterführende Informationen müssen die Menschen in anderen Medien wie Zeitungen, dem Internet und Büchern suchen. Auch die große Bedeutung der Bilder für die Fernsehkommunikation führt dazu, dass bestimmte, bildarme Themen nur schwer dargestellt werden können. In der Welt, die durch das Fernsehen vermittelt wird, haben überwiegend nur visuelle Themen ihren Platz. Demnach grenzt das Fernsehen viele Bereiche des Lebens aus seinen Programmen aus oder sendet sie weiterhin nur für ein gebildetes Publikum, das bereit ist, für die Information auf Bilder zu verzichten.

Matthias Rath

Das Internet – die Mutter aller Medien

Als ich mein Thema für die diesem Band zugrunde liegende Tagung formulieren sollte, stand am Ende ein Fragezeichen. Ich war mir also nicht sicher, ob das Internet wirklich als "Mutter aller Medien" bezeichnet werden dürfe. Heute hingegen bin ich mir sicher - das Fragezeichen ist unnötig. Das Internet ist "die Mutter aller Medien". Doch was soll dieses Schlagwort bedeuten?

Die Formulierung stammt aus dem Golf-Krieg. Saddam Hussein bezeichnete den Krieg zwischen Irak und den Alliierten als die "Mutter aller Kriege". War es nicht verfehlt, den damals jüngsten, aktuellen Kriegsfall als die Mutter der Kriege zu bezeichnen? Ist Mutter nicht der Hinweis auf ein Woher des Krieges? Wenn dieser aktuelle Krieg aber nicht das Verursachungs- oder besser Hervorbringungsprinzip sein kann, was bedeutet dieser Satz dann? Auch der Ausdruck "Mutter aller Medien" ist nicht von mir. Wir finden ihn in dem Internet-Online-Magazin Telepolis[1] in der Verbindung "Utopie als Mutter aller Medien", ohne dass freilich diese „Mutterschaft" näherhin erläutert würde. Ist die Utopie die Mutter, das Verursachungs- oder Hervorbringungsprinzip der Medien?

Ich deute und meine die Formulierung "Mutter aller Medien" nicht in diesem streng chronologischen oder generischen Sinne, so wie Ahnentafeln Vorfahren verzeichnen. Ich verstehe unter dem Ausdruck "Mutter aller Medien", dass nur von dem her, was als "Mutter aller Medien" bezeichnet wird, in Zukunft weiterhin bestimmt werden kann, was ein Medium ausmacht. Sofern überhaupt etwas als Medium zu gelten habe, ist es gemessen am Internet ein Medium. Mir geht es also in meinem Beitrag um einige Grundcharakteristiken, die, wie ich meine, in Zukunft und zum Teil auch heute schon Medien bestimmen, ja Medialität schlechthin ausmachen.

---

[1] David Hudson: Utopia ist die Mutter aller Medien: Kreativmarathon bei den Netzradiotagen in Berlin. In: Telepolis. 18.6.1998. (http://www.heise.de/tp/deutsch/inhalt/sa/3252/1.html, Zugriff 6.8.2002).

1. Vom „Wesen" der Medien

Bevor ich auf das Internet eingehe, werde ich einige Gedanken formulieren zu dem, was man das „Wesen" der Medien nennen könnte. Diese ontologische (und vielleicht daher auch metaphysische) Fragestellung scheint angesichts des „nachmetaphysischen Zeitalters" (Habermas), in dem wir uns vermeintlich befinden, antiquiert. Mir geht es aber ganz „schwach" (Vattimo) um Charakteristiken, die für das Medium konstitutiv sind. Dies erlaubt eine Abgrenzung von einer rein informationstheoretischen Betrachtungsweise, die den Deutungs- und Bedeutungsaspekt außen vor lässt[2], und ermöglicht zudem die Reflexion auf das Medium vor dem Hintergrund der grundsätzlichen Symbolgebundenheit oder *Medialität* des Menschen[3] als *animal symbolicum*.

Medien haben den Charakter der Ver-Mittler einer Botschaft. Rafael Capurro nennt das Wissensgebiet einer solchen Botschaftstheorie, die auf die Abhängigkeit des Vermittelten vom Vermittler abhebt, *Angeletik*[4]. Dabei sei, und ich stimme ihm zu, die technische Seite besonders zu betonen, d.h. die Frage, inwieweit die zunächst feststellbaren technischen Bedingungen der Vermittlung von Botschaften auf diese Botschaften selbst einwirken, sie bestimmen. Damit seien, so Capurro, „Machtstrukturen" geschaffen, die sich in jeweils unterschiedlichen technischen Medien ausprägen.

> „Die technische Revolution des Buchdrucks schafft eine neue nicht
> nur mediatische, sondern auch angeletische Situation. Für Immanuel
> Kant ist gerade die zensurfreie Mitteilung wissenschaftlicher For-
> schung mittels gedruckter Schriften das Medium, wodurch die Ideale
> und Botschaften der Aufklärung sich verbreiten und dadurch die poli-
> tischen Prozesse mittelbar (!) beeinflussen können. Mit der Säkularisie-
> rung entstehen neue politische und (un-)wissenschaftliche Botschaf-

---

2   Steve Talbott: Information oder Bedeutung? In: Was kommt nach der Informationsgesellschaft? 11 Antworten (Edition Reformwerkstatt). Hg. von der Bertelsmann Stiftung. Gütersloh 2002. S. 274-306.

3   Matthias Rath: Das Symbol als anthropologisches Datum. Philosophische und medienkulturelle Überlegungen zum animal symbolicum. In: Belgrad/Niesyto 2001. S. 34-45.

4   Rafael Capurro: Was ist Angeletik? 2001.
    (http://www.capurro.de/angeletik.htm, Zugriff 6.8.2002).

ten, die den alten Ort der vertikalen Struktur einzunehmen versuchen, mit katastrophalen Auswirkungen für Gesellschaft und Natur, indem sie sich, wie zur Zeit des Nationalsozialismus, des Rundfunks bedienen. Das Aufkommen der Massenmedien mit ihrer one-to-many-Struktur stellt die Frage nach einem öffentlichen Raum, frei von Machtstrukturen, wo die Kraft der Argumente und die Rationalität der Akteure den Vorrang haben." (Ebd.)

Daraus folgt, dass Medien das Vermittelte je schon mit *gestalten*, da sie nur bestimmtes übermitteln: Musik bietet keine trennscharfen Inhalte, gesprochene oder geschriebene Sprache keine Bilder, Fernsehen keine Abstraktionen. In diesem Sinne ist dann auch das berühmte und häufig zitierte Wort von Marshall MacLuhan zu verstehen: "The medium is the message". Medien bzw. die mediale und damit symbolische Verfasstheit menschlicher Botschaften sind also eine Charakteristik menschlicher Informationsaufnahme. Medien sind überall. Der Versuch, Medialität als neues, für das Medienzeitalter typisches anthropologisches Moment zu fassen, geht fehl[5]. Insofern ist es auch wenig hilfreich, bildungstheoretisch eine vermeintlich moderne, spezielle Medienkompetenz den klassischen Kulturkompetenzen gegenüber zu stellen. In ihrem speziell auf Deutschdidaktik Bezug nehmenden Beitrag hat Gudrun Marci-Boehncke diesen Umstand auf den Punkt gebracht:

> „‚Schreiben' und ‚Lesen' als ‚Kulturtechniken' stehen (...) stellvertretend für das rezeptive und produktive Umgehen mit Welterfahrung - unabhängig von dem konkreten ‚Medium', in dem kommuniziert wird. Dass es des Begriffs der ‚Medienkompetenz' bedarf mit dem Anspruch, zu diesen ‚Kulturtechniken' dazu gerechnet zu werden, ergibt sich aus dem historischen Umstand, dass die Weiterentwicklung der Codierungsmöglichkeiten auf audiovisuelle und digitale auch die Deutschdidaktik in einen Legitimationszwang bringt. Obwohl es prinzipiell ausreichend ist, Medienkompetenz als Teil von ‚Lesen und Schreiben' zu verstehen, scheint in der Praxis die begriffliche Ergänzung - vielleicht

---

[5] Matthias Rath: Die Anthropologie des Medialen. Zur anthropologischen Selbstaufrüstung des animal symbolicum. In: Netzethik. Grundlegungsfragen der Internetethik. Hg. von Dorothea Cüppers/Thomas Hausmanninger/Rafael Capurro. Paderborn 2002.

nur in einer Übergangszeit - sinnvoll (...) Wenn es gelungen ist, deutschdidaktische Diskurse unter selbstverständlicher Zugrundelegung des erweiterten Textbegriffes, der erweiterten Codierungsmöglichkeiten und der veränderten ästhetischen Erfahrungsmöglichkeiten zu führen, hat sich das ceterum censeo auf ‚Medienkompetenz‘ erübrigt.“[6]

Dieser Kompetenzbegriff führt uns zu einem dritten Aspekt, der meines Erachtens für Medien konstitutiv ist: Medien sind *Barrieren*. Sie setzen verschiedene Bedingungen voraus, die erfüllt sein müssen, um überhaupt diese Medialität erfassen und mit und in ihr agieren zu können:

- Zunächst einmal die *natürliche Kompetenz*, Sprache im weitesten Sinne zu benutzen, also zu verstehen und hervorzubringen.
- Darüber hinaus bedarf es der Fähigkeit, Symbolsysteme als solche zu erfassen und zu verstehen. Dies ist eine *bildungsabhängige Kompentenz*, wie sie oben von Marci-Boehncke beispielhaft am Lesen und Schreiben festgemacht wird. Man kann aber diese Bildungsabhängigkeit auch weiter fassen und neben repräsentativen bzw. „diskursiven“ auch „präsentative“ Symbolisierungen berücksichtigen[7].
- Schließlich, und damit knüpfe ich nochmals an den Grundgedanken der Angeletik Capurros an, hat zumindest technische Mediennutzung und technikgebundener Mediengebrauch *soziale und ökonomische Voraussetzungen*, die von den konkreten Herrschaftsverhältnissen einer Gesell-

---

6   Gudrun Marci-Boehncke/Renate Müller/Horst Niesyto/Matthias Rath: Medien zwischen Pädagogik, Didaktik und interdisziplinärer Forschung. In: Perspektiven der Lehrerbildung - das Modell Baden-Württemberg. 40 Jahre Pädagogische Hochschulen. Hg. von Karl-Heinz Fingerhut/Hartmut Melenk/Matthias Rath/Gerd Schweizer. Freiburg i.Br. 2002. S. 132-146. Und: Matthias Rath: Identitätskonzepte und Medienethik. Bernhard Schleißheimer zum 80. Geburtstag. In: Jugend, Musik und Medien. Hg. von Renate Müller u. a. Weinheim/München 2002.

7   Susanne K. Langer: Philosophie auf neuem Wege. Das Symbol im Denken, im Ritus und in der Kunst. Frankfurt a.M. 1942/1984. Und allgemein: Jürgen Belgrad/Horst Niesyto (Hrsg.): Symbol. Verstehen und Produktion in pädagogischen Kontexten. Hohengehren 2001.

schaft bestimmt sind - um so mehr, je mehr diese Gesellschaft sich als eine „Medien-" oder „Wissensgesellschaft" bezeichnen läßt[8].

Was heißt dies nun angewandt auf das Internet? Das Internet ist nicht nur ein Medium unter anderen, sondern ein *Meta-Medium*: Es ist selbst Medium, zugleich aber ist es auch Ort oder „Adresse"[9] anderer Medien. Über das Internet kann ich andere Medien finden und nicht nur das, ich kann diese über das Internet auch abrufen, und zwar in ihrer jeweiligen besonderen Gestalt als Text, Bild, Bewegtbild und Ton. Jedoch wird diesen anderen Medien über das Internet auch ein bestimmter Systemort zugewiesen, sie werden in neuen Kontexten präsentiert und auffindbar. Was als Medium nicht ins Netz geht, ist als Medium verloren, direkt oder indirekt. Die Öffentlichkeit des Netzes ist jedoch nicht gleichbedeutend mit erlangter Aufmerksamkeit auf das im Netz Präsente. Die technische Zugänglichkeit entscheidet daher auch über die „Ökonomie der Aufmerksamkeit"[10], die einem Medium und seinen Inhalten zuteil wird. Das Internet ist die „Mutter aller Medien", weil es immer mehr zum Maß der Medialität, der medialen Qualität, der medialen Akzeptanz wird. Kurz: *Das Internet als Universalmedium bestimmt, was in Zukunft als Medium gelten wird.*

Diese Integration der Medien in das Netz ist universal. Damit einher geht zugleich eine „Wesensveränderung" der Medien im Internet:

- *Digitalität*: Sie „erscheinen" zwar in ihrer jeweiligen besonderen Gestalt als Text, Bild, Bewegtbild und Ton, doch nicht mehr analog, sondern digital. Der mediale Inhalt im Netz ist digitalisiert und erst über einen technische Übersetzungsprozess wieder analog zu präsentieren, z.B. ausgedruckt. Mediale Inhalte im Netz erscheinen in beiderlei Gestalt, aber eben nur als Er-Schein-ung.

---

[8] Matthias Rath: Haben und Nichthaben. Die Wissensgesellschaft auf dem Prüfstand. In: Rheinischer Merkur. Nr. 2/1999. S. 28.

[9] Stefan Andriopoulos/Gabriele Schabacher/Eckard Schumacher (Hrsg.): Die Adresse des Mediums. Köln 2001.

[10] Georg Franck: Ökonomie der Aufmerksamkeit. Ein Entwurf. München/Wien 1998.

- *Interaktivität:* Der Medieninhalt wird interaktiv, seine Hypertexte und Verweise erlauben eine individuelle Rezeption, die seine räumliche und zeitliche Linearität (Text, Film, Musik) oder Ganzheitlichkeit (Bild) überspringt, ja auflöst.
- *Transkulturalität:* Das ortlose Netz kennt keine Kulturgrenzen, es präsentiert alles überall (oder in gewisser Weise nirgends) und kulturunabhängig. Die Grenzen meiner Kultur sind, zumindest im Internet-Zugriff, nicht mehr die Grenzen meiner Welt. Damit jedoch verlieren die Inhalte auch ihre kulturelle Rückbindung, Transkulturalität des Angebots führt, überspitzt gesagt, zur Entkulturalisierung des Angebotenen[11].
- *Virtualität:* Die Inhalte werden im Netz schließlich virtuell, ihre digitale und interaktive Gestalt entziehen sie der haptischen und materiellen Realität. Ja mehr noch, ihre Realität, wenn verkürzt verstanden als „Wirklichkeit", also Wirkendes, ist nichts, wenn sie nicht zuvor und zunächst virtuell werden.

2. Die universale Integration ...

Sehen wir uns diese Integration ins Netz unter technischen, temporären, ästhetischen und inhaltlichen Aspekten näher an.

2.1 Technische Integration

Die technisch bedingte Digitalisierung der im Internet angebotenen Inhalte hat Folgen. Sie bedeutet zunächst die Aufgabe der klassischen Produktions- und Erhaltungsformen medialer Inhalte. Die digitale Fassung von z.B. Texten ist inzwischen Usus, auch wenn im konkreten Fall eine hardcopy reichen könnte. Aber allein die Möglichkeiten des Internet, Texte dann auch zu versenden (E-mail), einem allgemeinen oder ausgewählten Publikum unmittelbar zugänglich zu machen und natürlich, auch das darf nicht über-

---

[11]   Matthias Rath: Zwischen Zivilisation und Kultur. Kulturphilosophische und unternehmenspolitische Überlegungen zur Inter- und Transkulturalität von Medienprodukten. In: Medienwirtschaft und Gesellschaft. Band 2: Medienkonsum und die Globalisierung von Medienprodukten. Hg. von Matthias Karmasin/Manfred Knoche/Carsten Winter. Münster [im Druck].

sehen werden, sie zu verändern, gebieten Digitalität häufig auch schon „auf Verdacht" hin. Damit ändert sich die Existenzweise des Inhalts bis hin zur Präsenz, z.B. bei Texten durch die Einführung von Print on Demand. Dadurch ändert sich zugleich die materielle Qualität, materielle, z.B. haptische Aspekte werden plötzlich akzidentiell. Nicht von Ungefähr spricht der Buchwissenschaftler Dietrich Kerlen daher von Büchern nur mehr als von „Langtexten", für die nicht mehr die materielle Gestalt des auf Papier gedruckten und gebundenen Buches konstitutiv sei[12]. Digitalisierung ist gleichbedeutend mit dem Verlust der qualitativen Präsenz.

Mit der Digitalisierung geht neben der Aufgabe der räumlichen Präsenz der Medien zugleich eine Kompression der medialen Inhalte einher. Alles ist unter diesem Gesichtspunkt „gleich". Eine CD-ROM z.B. kann nichts und unendlich viel speichern. Ihre materielle Gestalt gibt darüber keine Auskunft, auch diese Präsenzform ist selbst wieder nur technisch-medial vermittelbar. Kompression ist gleichbedeutend mit dem Verlust der quantitativen Präsenz.

2.2 Temporäre Integration

Die digitale Präsenz im Netz verändert den temporären Aspekt. So führt es auf dem Gebiet der Produktion zur Forderung nach Herstellung „in Echtzeit", nicht mehr „gut' Ding will Weile haben", alles braucht seine Zeit, sondern der digitale Zugriff erlaubt schnellste Herstellung. Aber mediale Inhalte müssen auch entworfen, geschaffen werden. Kann der Kreativitätsprozess mit den Herstellungsbedingungen Schritt halten? Auf dem Gebiet der Distribution führt die schnelle Verfügbarkeit zur Ungeduld, die dem zeitlichen Aufwand der kreativen Leistung nicht mehr gerecht wird. Schon kleinste, technisch bedingte Wartezeiten am Computer für digitale Leistungen, die zu Zeiten der Schreibmaschine Tage gedauert haben, werden vom Nutzer nicht

---

[12] Dietrich Kerlen: Druckmedien. In: Handbuch Lesen. Im Auftrag der Stiftung Lesen und der Deutschen Literaturkonferenz. Hg. von Bodo Franzmann/Klaus Hasemann/Dietrich Löffler/Erich Schön, unter Mitarbeit von Georg Jäger/Wolfgang R. Langenbucher/Ferdinand Melichar. München 1999. S. 240-280. Und: Dietrich Kerlen: Das digitale Buch aus buchwissenschaftlicher Sicht. 2000. (http://www.informatik.uni-leipzig.de/theo/RingVorl/0426/kerlen.htm, Zugriff 7.8.2002).

mehr hingenommen. Für die Rezeption schließlich kann dies zur permanenten Überforderung der Rezipienten führen, quantitativ - aber auch qualitativ. Alles deutet in Richtung auf eine „Beschleunigung" als Wesenszug des Medienzeitalters, der uns selbst, als Medienproduzenten und Mediennutzer, ergreift[13].

2.3 Ästhetische Integration

Die Bildorientierung des Netzes verlangt nicht nur kurze Texte, nicht zuletzt bedingt durch die Bildschirmgröße, ihre graphische Unterlegung und Vernetzung durch Hyperlinks. Sie ist auch ein Tribut an die Geschwindigkeit, die durch das Bild, das Icon, Sinnzusammenhänge schafft, jenseits textlicher Entfaltung. Damit, so wurde immer wieder argumentiert, und zwar nicht nur in mahnender Absicht (z.B. Flusser), verändern sich Denk- und Sehgewohnheiten, die auch auf andere Medien durchschlagen. Die Imitation des Mediums in anderen Medien verändert deren eigentliche Gestalt, vernachlässigt deren Gestaltungsmöglichkeiten, pseudo-digitalisiert analoge (z.B. Bücher, Zeitschriften) und offline Medien (z.B. Computerspiele). Einher damit geht eine Rezeptionsschulung durch Gebrauch, die Schnelligkeit zum Maß der Wahrnehmung macht. Wer heutige Filmschnitte oder die Schnittfrequenz von Video-Clips mit älteren Filmen vergleicht, wird diese Beschleunigung und die damit verbundene rezeptive Verlangsamung des älteren Mediums an sich selbst beobachten können.

2.4 Inhaltliche Integration

Unter den Bedingungen der Digitalisierung wird auch die Verwertung von Medien integriert. Ob freilich „medienunabhängige Inhalte", verwendbar in allen Verwertungsstufen und Medienformen, denkbar sind, darf bezweifelt werden[14]. Der Plot jedoch muss eine Anschlussfähigkeit aufweisen, die seine Überführbarkeit in andere Medien sicherstellt – was qualitativ

---

13 Paul Virilio: Rasender Stillstand. München 1992. Und: Paul Virilio: Revolutionen der Geschwindigkeit. Berlin 1993.

14 Matthias Rath: Zwischen Zivilisation und Kultur. In: Medienwirtschaft und Gesellschaft. Band 2: Medienkonsum und die Globalisierung von Medienprodukten.

häufig nicht mehr ist als eine Reduktion des Plots auf seine Wiedererkennungswerte, z.B. im Design und in der Werbung. Die oben bereits genannte Transkulturalität unter den Bedingungen der medialen Globalisierung kann daher häufig nur um den Preis der (quasi-religiösen) Mythologisierung gelingen, wie die Beispiele „Star Wars" oder verschiedener TV-Mythen zeigen[15].

3. ... und ihre Folgen

Die universale Integration führt zu einer universalen *Globalisierung*. Auf Seiten der Anbieter geht die Tendenz zum *Global Player*. Sinn und Inhalte sind nicht nur global vermarktbar, sie müssen aus ökonomischen Gründen auch global vermarktet werden. Kleine Anbieter werden dabei verdrängt, nicht zuletzt aus vermeintlich geschützten, weil als Nische missinterpretierten, z.B. sprachlich geschlossenen Märkten. Auch hier sind multinationale Konzerne präsent. Auf Seiten der Nutzer und Käufer geht die Tendenz in Richtung auf den *Global Buyer*. Durch das Netz gelingt, zumindest denjenigen, die über die technischen, ökonomischen und sprachlichen Kompetenzen verfügen, Zugriff auf unterschiedliche Anbieter, d.h. die Käufer selbst sprengen die regionalen Märkte, auch die regionalen Medienmärkte. Und das gilt auch für den Bereich der Dienstleistungen, man denke nur an das Beispiel der Call Center amerikanischer „Identität", deren Personal real in der Dritten Welt, z.B. Indien sitzt, gezwungen, amerikanisch zu wirken, also eigene Identität bis hin zum eigenen Namen zumindest zeitweise abzulegen. Und natürlich bringt diese Globalisierung auch den *Global Content* hervor, für den Inhalte vermarktbar gemacht werden müssen, entweder durch Überformung (des Produkts oder des Marktes) oder durch Banalisierung. Kulturelle Sinnstrukturen werden im Zuge dieser globalen Vermarktung zunehmend beliebig und ersetzbar.

Mit dieser universellen Integration geht eine Spannung zwischen der Eindeutigkeit (regionaler) *Medienkultur* und der Pluralität der *Medienkulturen* einher. Das Bewusstsein für die Einmaligkeit der eigenen Kultur

---

[15] Manfred Pirner: Fernsehmythen und religiöse Bildung. Grundlegung einer medienerfahrungsorientierten Religionspädagogik am Beispiel fiktionaler Fernsehunterhaltung. Frankfurt a.M. 2001.

wächst interessanter Weise auf regionaler Ebene, weil nationale Identitäten medial erschüttert und durchsichtig werden, die Vielfalt daher eine bewusste Entscheidung für (oder gegen) die eigene Regionalkultur verlangt. Zugleich werden durch die mediale Pluralität kultureller Angebote und den medialen Austausch Kulturen durchlässig – andere Kulturen werden damit zumindest in ihren Symbolen übernehmbar. Für den Einzelnen scheinen damit aber auch immense Forderungen an seine Identität verbunden zu sein. Individualisierung in Zeiten des Internet bedeutet auch mediale Selbstinszenierung.

Damit stellt sich nochmal und verschärft die Frage nach dem Verhältnis von *Realität und Virtualität*. Realität und Virtualität sind spätestens seit der Rede von der "virtuellen Realität" paradoxal miteinander verschränkt. Die Rede von einer *virtuellen* Realität ist paradox, weil sie eine *reale* Realität voraussetzt[16]. Demnach wäre Realität etwas, was zunächst vom Realsein im Sinne von "wirklich existent" zu unterscheiden ist. Was meint dann „reale Realität“?

Mit dieser Frage ergibt sich uns schon sprachlich das Kriterium eines so verstandenen Realseins, nämlich wirklich, d.h. wirkend zu sein. Damit wird das Maß der realen Realität am Effekt festgemacht. Erst wenn etwas wirkt, ist es real real. Diese sehr pragmatische Bestimmung entspricht aber nicht unserer gängigen Verwendung. Realität meint zunächst einmal Sein, Existenz als das, was es ist. Virtualität, als Terminus aus dem Lateinischen im Sinne von Möglichkeit, meint, dass etwas als real vorgestellt werden kann. Virtuelle Realität wäre dann "mögliche Existenz".

Wenden wir diese paradoxale Verwendung von Realität und Virtualität auf den Menschen an, so stellt sich die Frage, wie das wirkliche Existieren des Individuums zu fassen ist? Ist die Identität, die z.B. ein Nutzer im Internet annimmt, virtuell, d.h. möglich im Sinne der virtuellen Realität? Eröffnet also die mediale Präsentation seiner selbst dem Menschen eine Pluralität von Identitäten, die gleichberechtigt nebeneinander zu stehen kommen? Der Wechsel der medialen Identitäten (Identity und gender hoppers) ist tech-

---

16 Klaus Müller: Verdoppelte Realität - Virtuelle Realität? Erkenntnistheoretische, sozialphilosophische und anthropologische Konsequenzen der "Neuen Medien". In: Medienethik - die Frage der Verantwortung. Hg. von Rüdiger Funiok/Udo F. Schmälzle/Christoph H. Werth. Bonn 1999. S. 75-92.

nisch kein Problem mehr - zu fragen bleibt, was in Abgrenzung dazu ein „echtes" Selbst, eine „wahre" Identität noch sein kann (vgl. Rath 2002)?

4. Medienethik – die „ortlose" Moral

Für die normative Bewertung dieser Folgen der Mutterschaft des Internet in Zeiten der Globalisierung werfen sich abschließend für mich gravierende Perspektivenwechsel auf, die die Bedeutung der gängigen Zielgruppen moralischer Reflexion verändern. Für den nationalstaatlichen Gesetzgeber scheint mir das Ende der staatlichen Fürsorge gekommen. Unter den Bedingungen der Globalisierung gibt es keine zentrale Interpretationsinstanz mehr, die einen sanktionierenden Zugriff auf die medialen Handlungen einer Gesellschaft hätte. Nationalstaatliche Festlegungen und rechtliche Sanktionsmechanismen haben angesichts der globalisierten Informations-, Geld- und Kommunikationsströme ihre Bedeutung und Bedrohung verloren. D.h. aber auch, dass der Diskurs über die moralisch akzeptablen Handlungsregeln außerhalb der klassischen Institutionalisierung „Staat" abzulaufen hat. Für die Nutzer ist daher, in Ermangelung eines medialen Nachtwächterstaates, die Wiederentdeckung der Tugend zu fordern. So wie in Zeiten von Aids safer sex die einzige Rettung ist, so verspricht in Zeiten der medialen Globalisierung nur safer use Abhilfe. Die klassischen (und altvorderlich klingenden) Tugenden der Enthaltsamkeit, des Vorbilds und der Bildung erhalten neue Bedeutung. Für die Medienunternehmen schließlich heißt dies m.E., dass sie zu einer neuen und ungewohnten Funktion vorstoßen müssen. Denn die Regulierungen medialer und medienökonomischer Prozesse können nur noch von den Protagonisten dieses Globalisierungsprozesses selbst diskutiert, entwickelt und umgesetzt werden. Damit gewinnen zugleich Rückkanäle an die Medienunternehmen von Seiten der Rezipienten und Nutzer an Bedeutung. Mediale Verständigungsprozesse über moralische Überzeugungen zwischen Mediennutzer und Medienanbieter haben angesichts globaler Strukturen mehr Aussicht auf Realisierbarkeit als bi- und multi-laterale Regulierungen zwischen Nationalstaaten. So gewinnen Medien und ihre ökonomische Verfasstheit angesichts der Globalisierung einen zusätzlichen, neuen "Sinn" als Orte der medienethischen Selbstvergewisserung zwischen Medienschaffenden und Mediennutzenden.

Hermann Timm

Mit der Schrift allein. Medienprotestantismus?
Eine Apologie des „Buchzeitalters"

Nachdem Funk und Film zu Beginn des 20. Jahrhunderts schon erste mediengeschichtliche Reflexionen ausgelöst hatten, waren es die „neu" genannten audiovisuellen Massenkommunikationsmittel – voran das Fernsehen – die nach dem zweiten Weltkrieg Historiker zu großen Recherchen veranlassten. Hatte es vergleichbare mediale Innovationsschübe in der Vergangenheit schon gegeben, dass man analogerweise die Gegenwartsveränderung daran ermessen könnte? Wie war es beim Übergang von den archaischen Stammesvölkern zu den alphabetischen Gesellschaften (Oralität – Literalität)? Wie beim Fortschritt von der Bilder- zur Buchstabenschrift (6. Jahrtausend v.Chr.), zunächst zur konsonantischen, nur die Mitlaute fixierenden Notation der Phönizier, Hebräer, Aramäer und dann zur komplett phonematisierten Alphabetenschrift der Griechen (9. Jahrhundert v. Chr.)? Und wie war es schließlich beim Ersatz der Handschrift durch den Druck, der Chiro- oder Skriptographie durch die Typographie, beim historisch bestbezeugten Medienwechsel im 15. Jahrhundert *post Christum natum*?

Begonnen wurden die Nachforschungen über Neo- und Paläomedialitäten dort, wo das Fernsehen zuerst massenhafte Verbreitung fand: in Nordamerika. Dort ist jüngst auch beim summarischen Rückblick auf das zweite Jahrtausend Johann Gutenberg, der Erfinder der Drucktechnik, zum „man of the millennium" gewählt worden. Den Anfang machte Marshall MacLuhan mit seiner „Gutenberg-Galaxy" (1962), ins Deutsche übersetzt: „Die Gutenberg Galaxis. Das Ende des Buchzeitalters" (1968). These: Die vom antiken Alphabetismus geschaffene und durch den Buchdruck dominant gewordene Rationalität verschwindet, weil mit den elektronisch erweiterten Audiovisualitäten „die gesamte menschliche Familie zu einem einzigen globalen Stamm" verschmilzt. „Es fällt uns nicht mehr schwer, die Erfahrungen und Empfindungen von Eingeborenen oder Nicht-Alphabeten zu verstehen, einfach weil wir diese innerhalb unserer eigenen Kultur mittels der Elektronik von neuem hervorgerufen haben".[1] Das neue Medium ist die Botschaft vom postalphabetischen Weltdorf.

Was MacLuhan begrüßte, wurde von Neil Postman beklagt: das Ende des „ernsten", von der Disziplin der Printsprache geprägten „Homo typographi-cus"[2]; das Verschwinden der im Buchzeitalter entstandenen Kindheit; und die zum Amusement verkommene Religion im TV, dem „Medium der tota-len Enthüllung"[3]. „Weder setzt das Fernsehen die Schriftkultur fort, noch erweitert es sie. Es attackiert sie." „Im Fernsehen wird auch die Religion einschränkungslos ohne jede Nachsicht als Unterhaltung präsentiert"[4].

Dass die Botschaft vom Untergang des Buchzeitalters selbst in Buchform erschien, mag paradox anmuten, ist aber eine Tatsache. Performative Wi-dersprüche solcher Art gab es schon in skriptographischen Zeiten. Man den-ke an die Schriftkritik des Schriftstellers Plato, oder an die Buchprophetie über das Wort Gottes im Alten Testament: „So spricht der Herr ..." Ge-schrieben steht: *Deus dixit*, nicht *Deus scripsit*. Die Titel von MacLuhan und Postman erklommen Bestsellerlisten und gaben dem für moribund erklärten Buchhandel neuen Aufschwung. Zumal diesseits des Atlantiks, in der „alten Welt", und besonders in Deutschland, wo das Gutenbergzeitalter einst sei-nen Anfang nahm, wo der Humanismus des *Homo legens* seine Liaison mit der Typographie eingegangen war und wo zum Geschichtsbewusstsein zählt, dass der Buchdruck seinerzeit stark am Schisma der „Religionsparteien" von „Neu-" und „Altgläubigen" (Protestanten – Katholiken) im „Heiligen Römi-schen Reich Deutscher Nation" beteiligt war. „Das Wort sie sollen lassen stahn ...".[5] „... dass gepfleget werde / Der feste Buchstab, und Bestehendes gut / Gedeutet. Dem folgt deutscher Gesang"[6]. In Deutschland konnte das totgesagte Buchzeitalter leicht mit dem Tod des Religions-, des Buchreligi-onszeitalters assoziiert werden.

Wie stark bei der Konfessionalisierung die Religionsfrage mit der Druck-frage verknüpft war, hat die historische Forschung der letzten Jahrzehnte

---

[1]   Marshall MacLuhan: Die Gutenberg-Galaxis. Düsseldorf u.a. 1968. S. 15. 67.
[2]   Neil Postman: Wir amüsieren uns zu Tode. 1988. S. 85.
[3]   Neil Postman: Das Verschwinden der Kindheit. 1983. S. 97.
[4]   Neil Postman: Wir amüsieren uns zu Tode. 1988. S. 106. 144.
[5]   aus Martin Luthers Lied: „Ein feste Burg ist unser Gott".
[6]   Friedrich Hölderlin: Sämtliche Werke. Band I. 1970. S. 385.

eruiert. Einiges davon will ich im ersten Teil wiedergeben, Kennwort: „Medienprotestantismus". In einem zweiten Teil dann soll diesem Ausdruck eine Wendung gegeben werden, die ihn aus der Opposition zwischen evangelischem Protestantismus und römischem Katholizismus herausnimmt, um ihn mit Gedankenhilfe katholischer Theologen ins Überkonfessionelle zu wenden. - Viel anderes dürfte im ökumenefreundlichen Würzburg von einem zugereisten Protestanten auch nicht erwartet werden.

1. Druck der Freiheit. Printpatriotismus

Am Bild der Germanen, zumal nördlich des Limes, der alten Zivilisationsgrenze gen Norden, hatte sich das Mittelalter hindurch wenig geändert. Sie galten bis zum 15. Jahrhundert weiterhin so, wie von Cäsar und Tacitus gesehen: stark und tapfer zwar, aber wenig kultiviert und kunstliebend, kaum des Lesens und Schreibens mächtig, nahe der Barbarei. Erst durch die „Truckkunst" made in Germany konnte dies vor allem Italien gegenüber empfundene Kulturgefälle erstmals revidiert werden, weil die neue Technik auf die Nachbarländer in allen Himmelsrichtungen übergriff. Die Mainzer *ars impressoria* weckte einen Kulturstolz, den es in Deutschland so zuvor nie gegeben hatte. Und er konnte sich schnell auch zu einer Mission glorifizieren, weil das gedruckte Schrifttum meist religiös-theologisch-christlichen Inhalts war. Allem voran die Heilige Schrift, die Bibel. Deutschland war vor anderen Völkern gesegnet worden mit der „göttlichen Truckkunst", und Deutschland exportierte sie weltweit. „Gehet hin in alle Länder..." Druckdeutschland über alles. Schon aus Gutenbergs eigener Werkstatt kamen Sätze wie: „Unter dem Schutz des Höchsten, durch dessen Gunst die Zungen Unmündigen beredt werden und der oftmals den Geringen offenbart, was er den Weisen verbirgt, ist im Jahr der Menschwerdung des Herrn 1460 in Mainz, der Mutterstadt der glorreichen deutschen Nation, welche die Güte Gottes mit einer so hellen Erleuchtung des Geistes und gnädig vor allen Nationen der Erde auszuzeichnen und zu verherrlichen gewürdigt hat, dieses vortreffliche Buch Catholicon, nicht mit Hilfe von Schreibrohr, Griffel und

Feder, sondern mit der wunderbaren Harmonie und dem Maß der Typen und Formen gedruckt und vollendet worden"[7].

Initiiert wurde die Providentialisierung des Drucks *sub specie germaniae* von den Humanisten. Sie verbanden mit ihm die alte Vorstellung der *translatio studii*. Wie einst Karl der Große das Reichszentrum von Rom nordwärts über die Alpen nach Aachen verlagert hatte (*translatio imperii*), sollte die Mainzer Presskunst zur Mitte des literarisch-religiösen Weltreichs werden. Aus einer Schrift Jakob Wimpfelings vom Jahr 1507: „Auf keine Erfindung oder Geistesfrucht können wir Deutsche so stolz sein als auf die des Buchdrucks, die uns zu neuen geistigen Trägern des Christentums, aller göttlichen und irdischen Wissenschaft und dadurch zu Wohltätern der ganzen Menschheit erhoben hat. Wie viele Gebete und unzählige Innigkeiten werden geschöpft aus den gedruckten Büchern! ... Wie ehemals die Sendboten des Christentums hinauszogen, so ziehen jetzt die Jünger der heiligen Kunst aus Deutschland in alle Lande, und ihre gedruckten Bücher werden gleichsam Herolde des Evangeliums, Prediger der Wahrheit und Wissenschaft"[8]. Widerhall fand diese Glorifizierung früh auch im Lob der anderen. Es kam sogar aus dem renaissancestolzen Italien herüber. „Deutschland gebührt für alle Zeiten der Ruhm, die nützliche Kunst hervorgebracht zu haben." Es erfand „keiner der Sterblichen etwas Heilsameres" als Gutenberg[9].

1.1 Biblia deutsch

Den Buchdruck fand die Reformation vor. Zwei Generationen nach Gutenberg war er in allen größeren Städten des Reichs fest etabliert. Vorgegeben war den Reformatoren auch die humanistische Glorifizierung des neuen Mediums. Sie wurde von ihnen übernommen und verstärkt mit zusätzlichen Motiven, die der erstrebten Erneuerung der „Christenheit auf Erden" ent-

---

[7]   zitiert nach Monika Estermann: ‚O werthe Drucker kunst/ Du Mutter aller Kunst'. Gutenberg-Museum Mainz 1999. S. 14f.

[8]   zitiert nach Otto Clemen: Die lutherische Reformation und der Buchdruck. Leipzig 1939. S. 2f.

[9]   zitiert nach Michael Giesecke: Der Buchdruck in der frühen Neuzeit. Frankfurt a.M. 1998. S. 193.

sprangen, ihrer Rückerneuerung (*reformatio*) aus den reinen Quellen des Anfangs. Die Parolen hießen: „Schriftgemäßheit", Normierung aller Glaubensdinge am Kanon der Bibel; Leseautonomie des „Christenmenschen", ohne jede Bevormundung, Selbstlesen!; und Volkssprachlichkeit des „allgemeinen Priestertums" der Gläubigen.

Anderen voran war es Martin Luther, der mit diesen Beweggründen sich des Buchdrucks annahm und in Theorie und Praxis zu dessen größtem Propagandisten in Deutschland wurde. Er zögerte nicht, die Presse als prädestiniertes Vehikel seiner *Libertas Christiana* auszuloben. Glaubensfreiheit – Pressfreiheit. Das Mainzer Medium für die Wittenberger Message. Besser habe die Vorsehung die Erfindung nicht lokalisieren und terminieren können. „Alle Künste und Wissenschaften sind jetzt auf dem höchsten Gipfel angelangt, - obwohl sie zugleich auch aufs tiefste mißachtet sind,- aber das ist kein Wunder, da Christus selbst, doch ganz offenbar das höchste Geschenk, in der Welt auf's höchste verachtet ist. Die Druckerei ist das letzte und zugleich größte Geschenk, denn Gott hat gewollt, dass durch sie dem ganzen Erdkreise die Sache der wahren Religion am Ende der Welt bekannt werde und in alle Sprachen umgegossen werde. Sie ist fürwahr die letzte, noch unauslöschliche Flamme der Welt." „Jetzt sind alle Künste ans Licht gekommen und blühen. So hat uns Gott die Druckerei dazugeschenkt, vornehmlich zur Unterdrückung des Papstes"[10].

a) Gutenbergs Meisterstück war zwar die Vulgata, die Bibel des Hieronymus, in zwei prachtvollen Foliobänden gedruckt. Die Nachfolger aber wandten sich schnell dem deutschsprachigen Schrifttum zu, um mehr als nur die lateinkundige Käuferschaft zu erreichen. Der Konkurrenzdruck auf dem rasch wachsenden Buchmarkt nötigte dazu. Die mittelalterliche Hierarchie zwischen den Sakralsprachen Hebräisch, Griechisch, Latein und der profanen, nur dem Laien zugänglichen Volkssprache wurde per Typographie eingeebnet. Sichtbarster Ausdruck dafür: das Publizieren volkssprachlicher Manuskriptbücher in Druckform, mit Vorworten der Herausgeber, in denen sie sich über das Motiv ihres Tuns erklärten: Jeder, gleich welchen Standes,

---

[10] zitiert nach der Übersetzung von Erhard Lauch: Luthers bleibende Grüße an die Buchdrucker. In: Luther. Mitteilungen der Luthergesellschaft. 23. Jg. 1941. S. 14. 20.

soll es lesen können, in der allen gemeinen Popularsprache. So hat der junge
Luther, noch ehe er selbst als Schriftsteller hervortrat, das Manuskript des
„Frankfurters", eines anonymen Mystikers aus dem Schülerkreis um Johannes Tauler, mehrmals ediert, und zwar unter dem von ihm selbst stammenden Titel „Eyn deutsch Theologia". Aus der Vorrede der zweiten Auflage
von 1518: „Leß diß Buchlein wer do will, unnd sag dann, ab die Theologey
bey unß new adder alt sey, dann dißes Buch ist yhe nit new, Werden aber
villeicht wie vormals sagen, Wyr seyen deutsch Theologen, das laßen wyr
ßo seyn. Ich danck Gott, dass ich yn deutscher zungen meynen gott alßo
höre und finde, als ich und sie mit myr alher nit funden haben, Widder in
lateynischer, krichscher noch hebreischer zungen. Gott gebe, das dißer
puchleyn mehr an tag kumen, ßo werden wyr finden, das die Deutschen
Theologen an zweyffell die beßten Theologen seyn, Amen"[11].

Hatten zuvor nur die Altsprachen als liturgie- und theologiewürdig gegolten, so wollte Luther die Wertung umgekehrt und dem Volksidiom sogar
den Primat vor dem alttestamentlichen Hebräisch, dem neutestamentlichen
Griechisch und dem römischen Latein zuerkannt wissen. Gott redet am
besten in heimischer Zunge. *Vox Dei – vox populi*, Gottes Stimme – Volkes
Stimme. Deshalb „deutsche Theologie" und „deutsche Messe". Diese Überzeugung, die von den Humanisten nicht geteilt wurde und auch Melanchthon lebenslang fremd blieb, wurde in Luther geweckt und gestärkt von der
Popularität der deutschsprachigen Printliteratur, so dass er sein eigenes
Wirken in der Öffentlichkeit von vornherein bilingual anlegte, lateinisch
und deutsch.

Der Verkaufserfolg der „Theologia deutsch" des „Frankfurters" wurde
auch ein Motiv für die „Biblia deutsch" in Wittenberg, übersetzt ins sächsische Kanzleideutsch. Schon zu Luthers Lebzeiten mehr als 400 Mal nachgedruckt, führte sie – zusammen mit den ebenfalls zahlreich gepressten deutschen Katechismen „für gemeine Pfarrherrn und Prediger" - dazu, dass
Wittenberg noch vor Leipzig und Frankfurt am Main zur Metropole des
Buchdrucks in Deutschland werden konnte. Dort fand 1540 auch die erste
Zentenarfeier zum Gedenken an Gutenbergs auf das Jahr 1440 datierte Erfindung der Presskunst statt, veranstaltet von den Druckern und Verlegern

---

[11]   M. Luther: Werke. Kritische Gesamtausgabe (Weimarer Ausgabe) Band 1.
   Weimar 1888ff. S. 379.

der Stadt und von den Reformatoren mit großen Festreden bedacht. Das sollte Schule machen. Die Wittenberger Gutenbergfeiern haben später anderwärts vielfältige Nachahmungen gefunden, wobei das festive Erinnerungsbild des ersten Buchdruckers von 1440 in den protestantischen Territorien mit dem des Reformators von 1521 (Reichstag zu Worms) mehr und mehr zusammenrückte: Hier stehe ich, der Mann mit dem Pressbuch in der Hand.

b) Was den Druck populär machte und ihm eine revolutionär zu nennende Dynamik verlieh, war die Beschleunigung der Informationen im Verbund mit ihrer Multiplizierung. Er schuf einen heißen Markt, zeitnah bei den Aktualitäten, und einen großen Markt für den „gemeinen Mann", den jedermann im Stadtvolk. „Masse macht's!"[12] Die Reformatoren konnten das Presseforum ebenso nutzen, wie sie es ihrerseits verbreitet haben mit der Fülle ihrer illustrierten Flugblätter, Broschüren, Übersetzungen und Streitschriften um den rechten Glauben.

c) Zur Demokratisierung kam schließlich der Liberalisierungsimpuls: Freiheit der Produktion im neuen Druckgewerbe, außerhalb der etablierten Zünfte; Freiheit des Konsums, Zugang zum Printmarkt für alle, ob Kleriker oder Laien; und Freiheit des Lesens, um das Geschriebene selbsteigen in die Hand zu nehmen und sich von keinem vorsagen zu lassen. „Damit sich niemand entschuldigen kann hat der ewige Gott aus seiner unergründlichen Weisheit die löbliche Kunst erweckt, Bücher zu drucken und sie so oft zu vervielfältigen, dass ein jeder Mensch nunmehr nach dem Weg der Seligkeit selber lesen oder Vorlesen zuhören kann"[13]. Liberalisierung – Libralisierung der Glaubenswelt. Luthers bekannteste Reformschrift, die von ihm zweisprachig in Latein und Deutsch publizierte „De libertate christiana", „Von der Freiheit eines Christenmenschen" (1520) handelt davon, wie Christus recht zu „predigen und zu lesen" sei[14].

---

[12]   Michael Giesecke: Der Buchdruck in der frühen Neuzeit. Frankfurt a.M. 1998. S. 153.

[13]   zitiert nach ebd. S. 160.

[14]   M. Luther: WA a.a.O. Bd. 7, 29.

3. Die Schriftparteien

Im Zuge der typographischen Reformation wurde jenes „Sola scriptura!" fixiert, über das es schließlich zur Spaltung zwischen den „Religionsparteien" kam. Während die „Neugläubigen" auf die Ausschließlichkeit der Schriftnorm setzten und den Christenmenschen um seines Seelenheils willen zum Selbstleser der Bibel erklärten, wurde ihnen seitens der „Altgläubigen" das ergänzende und die Bibellektüre präjudizierende Traditionsprinzip entgegengestellt: Heilige Schrift und kirchliche Tradition (*et in libris sacris et sine scripto traditionibus*).

a) Weit verbreitet war die Bibel in der Reformationszeit allerdings nicht, unerachtet ihrer Aufwertung zum alleinigen Richtmaß des Glaubens. Drucktechnische Gründe standen dem im Wege. Die Lettern waren weiterhin – wie in der Werkstatt Gutenbergs – aus einem weichen Blei-Zink-Antimon-Gemisch gegossen, so dass sie sich unter der Presse rasch abnutzten und die Auflagen klein blieben – selten über tausend Stück. Entsprechend hoch war der Kaufpreis. Selbst eine „Biblia deutsch" war nur für Vermögende erschwinglich. Nicht einmal alle Kirchen, die sich der Reformationsbewegung anschlossen, dürften über ein vollständiges Exemplar verfügt haben. Meist musste man sich mit Teildrucken begnügen, am häufigsten die vier Evangelien oder das Neue Testament zusammen mit dem alttestamentlichen Psalter.

Spürbar verbilligt werden konnten die Bibeldrucke erst gegen Ende des 17. Jahrhunderts: durch Verwendung härterer Metalle für die Typen; durch den „stehenden Satz", der den gesamten Letternbestand umfasste und nicht, wie zu Gutenbergs und Luthers Zeiten üblich, nach dem Druck der einzelnen Blätter deren Satz wieder zerlegte; und durch das Dünndruckpapier, das es allererst ermöglichte, das Bibelkorpus in einen Band fassen und in eine Hand nehmen zu können, um mit der anderen die geöffneten Seiten umzuschlagen. Das wäre zuvor schon des Gewichtes wegen unmöglich gewesen. Luthers eigene „Biblia deutsch" wog nahezu zwölf Pfund, so dass das uns von seinen Denkmälern vertraute Bild des frei stehenden Mannes mit dem Folianten in der Rechten und der demonstrativ mit dem Zeigefinger darauf verweisenden Linken als anachronistisch zu gelten hat. Es entstammt erst der Ikonographie des 19. Jahrhunderts.

Vorangetrieben hat die Schriftverbreitung in Deutschland hauptsächlich der Pietismus: eine nach den Konfessionskriegen entstandene, stark pädagogisch engagierte Frömmigkeitsbewegung, die die Bibel zur Fibel werden ließ, zum Lernbuch für die Kinder in der Schule, wo sie die bis dahin vorherrschenden Katechismen Luthers verdrängte, aber auch zum Haus- und Privatbuch in der Hand aller Gläubigen. Die Pietisten bauten große, industriell betriebene Druckereien und gründeten eigene, zum Teil heute noch existierende Gesellschaften für den Vertrieb im In- und Ausland; bis hin in ihre überseeischen Missionsgebiete unter analphabetischen Stammesvölkern in Amerika, Afrika und Asien, für die – nach dem Leitbild der „Biblia deutsch" – Übersetzungen in der jeweiligen Volkssprache produziert wurden. Was mediengeschichtlich einen interessanten Sonderfall ergibt, weil dabei der Wechsel aus der Mündlichkeit in die Schriftlichkeit (Oralität – Literalität) die skriptographische Phase gleich übersprang, um das Lesen und Schreiben von vornherein anhand der Druckschrift zu erlernen.

b) Als infolge der Reformation das Zelebrieren der Totenmessen in den Kirchen entfiel und damit die größte Einnahmequelle für den Klerus versiegte, appellierte Luther an die Obrigkeit in den Schlössern und Rathäusern: Man möge aus den brotlos gewordenen Priestern Pädagogen machen und Schulpflicht für alle Knaben und Mädchen einführen, um sie die Sprachen zu lehren, „die scheyden, darynn dis messer des geysts stickt". Dazu sollten „gutte librareyen odder bücher heuser sonderlich ynn den grossen stedten, die solichs wol vermügen", eingerichtet werden[15]. „Bis diese Visionen Wirklichkeit wurden, dauerte es bekanntlich noch eine lange Zeit"[16], aber ganz ohne Wirkung blieb der Aufruf nicht. In einigen Reichsstädten, die sich der protestantischen Religion anschlossen, sind sie aufgegriffen und teilweise in die Tat umgesetzt worden. Der Mainzer Buchdruck, die Wittenberger Bibelbotschaft und der mit beidem verbundene Humanismus - anderen voran repräsentiert durch Philipp Melanchthon, den *praeceptor germaniae* - brachten die Alphabetisierung der Bevölkerung rasch voran. Allerdings entlang der Grenzen, die vom Religionsstreit kreuz und quer durchs Reich gezogen wurden, getreu der Maxime des Augsburger Religionsfriedens

---

[15]   M. Luther WA Bd 15, S. 38. 49.

[16]   Michael Giesecke: Von den Mythen der Buchkultur zu den Visionen der Informationsgesellschaft. 2002. S. 237.

von 1555: „Wes das Land, des der Glaube (*cuius regio, eius religio*)". Beide, Land und Glaube, wurden geteilt, und dieses Schisma ging einher mit Pro und Contra des literarischen Betriebs.

Katholischerseits sah man in der Pressfreiheit ein Vehikel der *rebellio lutherana*, so etwas wie das Trojanische Pferd des Protestantismus. Nach dem gegenreformatorischen Konzil von Trient (1545-1563) wurde deshalb in den altgläubigen Ländern des Reiches das gesamte Buchwesen, vom Druck bis zum Verkauf, der Inquisition unterstellt, Bibelgebrauch in der Muttersprache generell untersagt – freigegeben nur die Vulgata – und überdies die Leserschaft abgeschreckt mit dem „Index librorum prohibitorum", einem alphabetisch geordneten Katalog von Büchern, deren Lektüre bei Verlust des Seelenheils untersagt wurde. Die erste Ausgabe erschien 1588.

Förderung und Hinderung des Buchdrucks während des 16. Jahrhunderts haben lange nachgewirkt, über das Konfessionszeitalter hinaus bis in die Aufklärung und ins 19. Jahrhundert. Letzte Spuren sollen heute noch auszumachen sein im unterschiedlich starken Leseaufkommen in mehrheitlich protestantisch oder katholisch bewohnten Regionen Deutschlands. Zu diesen Fernwirkungen dürfte der Umstand beigetragen haben, dass die deutsche Einheitssprache zunächst nur im literarischen, maßgeblich von der „Biblia deutsch" und der pietistischen Bildung geprägten Medium existierte, ohne dass ihr eine Homogenisierung der verschiedenen Regionaldialekte in Nord und Süd, Ost und West vorangegangen oder auch nur zeitgleich gefolgt wäre. Hochdeutsch gab es eher in gedruckter als gesprochener Form. Es wurde eher geschrieben und erlesen als geredet, so dass man von seiner historisch primären Literarizität sprechen muss. Dass das „Deutsche Wörterbuch" der Brüder Grimm als Motto vor sich herträgt: „Im Anfang war das Wort" zählt zu den Selbstwidersprüchen von der Art der Schriftkritik des Schriftstellers Plato oder des gedruckten „Ende des Buchzeitalters", denn beim Wortprimat handelt es sich bekanntlich um ein Schriftzitat der „Biblia deutsch". Im Anfang war das Wort – so steht's geschrieben. „Die Kirche der Reformation hat von der ersten Stunde an das Lesen als einen Heilsweg begriffen und gefördert. Gerade deswegen begegnete die Kirche der Gegenreformation dem Leser mit Mißtrauen. Sie glaubte, ihn mit Index und Zensur bei der Stange halten zu können. So entstand ein konfessionell unterschiedliches Buchklima. Wurzelt hier das eigenartige Phänomen des katholischen Lesedefizits, dem man bis heute in allen Umfragen begegnet"[17]?

Noch in der Enzyklika „Qui pluribus" vom 9. November 1846, die die seitens der Kirche zu verurteilenden Irrlehren der Neuzeit auflistet und zum „Syllabus errorum" von 1864 führte, standen die Bibelgesellschaften weit oben. Sie seien „äußerst verschlagen", weil sie, „die alte Kunst der Häretiker erneuernd, nicht aufhören, die entgegen den Richtlinien der heiligsten Kirche in alle möglichen Volkssprachen übersetzten und oft mit verkehrten Erläuterungen ausgelegten Bücher der göttlichen Schriften Menschen jeder Art, sogar ungebildeten, kostenlos auszuteilen, ja aufzudrängen, so dass alle unter Zurückweisung der göttlichen Tradition, der Lehre der Väter und der Autorität der katholischen Kirche die Worte des Herrn nach ihrem privaten Urteil auslegen"[18].

4. In Klausur. Lesen bildet Individualität

Fünfzig Jahre nach dem „Ende des Buchzeitalters" (Marshall MacLuhan) wird sichtbar, dass es sich um eine Fehlprophetie handelte. Der geweissagte Exitus der Gutenberg Galaxie hat nicht stattgefunden. Auch der „Verlust der Kindheit" durch die Magie des alles nivellierenden Fernsehers (Neil Postman) ist ausgeblieben. Von „Harry Potter" etwa sind schon mehr als 100.000.000 Exemplare verkauft worden, was beispielhaft zeigt, dass sich Kinder abseits der Flimmerkisten nach wie vor in den Winkel ihrer Privatlektüren verkriechen. Und auch die Befürchtung, dass der Tod des Buchzeitalters den des „Buchs der Bücher" nach sich ziehen würde, kann entsorgt werden. Allein im vorigen Jahr wurden global etwa 700.000.000 Exemplare davon abgesetzt, übertragen in circa 2.300 der rund 5.600 Sprachen auf Erden. Tendenz steigend.

Der Bibelmarkt blüht in der gesamten Ökumene. Dass er es auch bei uns in Deutschland tut, verdankt sich großteils dem Katholizismus. Die dem

---

[17]   Ludwig Muth: Was fängt die Kirche mit dem Leser an? In: Offenbarung durch Bücher. Hg. von Walter Seidel. Freiburg im Breisgau u.a. 1987. S. 16.

[18]   Heinrich Denzinger/Peter Hünermann: Kompendium der Glaubensbekenntnisse und kirchlichen Lehrentscheidungen. 38. Aufl. Freiburg im Breisgau u.a. 1999. S. 772f.

Konfessionszeitalter entstammenden Mediendifferenzen sind minimiert worden. Der „Syllabus" liegt weit zurück, den „Index" gibt es seit der Nachkriegszeit nicht mehr, und das Zweite Vatikanische Konzil hat mit seiner Konstitution über das „Wort Gottes" (Verbum Dei) einen wahren Schreib- und Lesefrühling ausgelöst. Motiviert vom Effekt der bewussten Verspätung wurde ein intensives Bedürfnis nach der Bibelbefassung freigesetzt, das in nur einer Generation den historischen Vorsprung des skripturalen Protestantismus weithin aufholen konnte. „Der Zugang zur Heiligen Schrift muss für die an Christus Glaubenden weit offenstehen." „Die Schrift nicht kennen heißt Christus nicht kennen ...; deshalb sei das Studium des heiligen Buches gleichsam die Seele der heiligen Theologie"[19]. Seit den 70er Jahren gibt es die von der Deutschen Bischofskonferenz in Auftrag gegebene und partiell vom Rat der Evangelischen Kirche in Deutschland mit autorisierte „Einheitsübersetzung": „Die Bibel. Altes und Neues Testament"; die früher an den Universitäten protestantisch dominierte Bibelwissenschaft ist weitgehend einem Gleichstand beider Fakultäten gewichen; die besten derzeit auf dem Buchmarkt erhältlichen Einführungen zur Bibel stammen von katholischen Kollegen; 1992 wurde gemeinsam von Evangelischer und Katholischer Kirche das „Jahr mit der Bibel" veranstaltet: „Mehr als ein Buch!"; und 2003 soll die Kampagne ein zweites Mal wiederholt werden. Im „Ideenheft" dazu heißt es: „Das Jahr der Bibel samt dem Ökumenischen Kirchentag in Berlin mittendrin möge zu einem Neuaufbruch der Ökumene in unserem Land führen". „Die Aktion ‚2003. Das Jahr der Bibel' bildet ein bundesweites Netzwerk. Beiträge in den Medien, regionale Initiativen und Begegnungen vor Ort entwickeln Ausstrahlung und entfalten miteinander eine starke Wirkung, die die Bibel zu einem der entscheidenden Themen im Jahr 2003 werden läßt."

Von einem „Medienprotestantismus" in Deutschland kann also heute nur noch insoweit die Rede sein, wie mittlerweile eine Protestantisierung beider einstigen „Religionsparteien", der „alt-" wie der „neugläubigen", stattgefunden hat, eine überparteiliche Homomedialisierung in Gestalt der Bibelbuchreligion.

Das Buchzeitalter ist also nicht zu Ende gegangen. Ein Ende gefunden hat nur die Dominanz und kulturhierarchische Monopolstellung, die die Buch-

---

[19]   Lexikon für Theologie und Kirche. 2. Aufl. Band 13. 1967. S. 579.

lichkeit in der Neuzeit beiderseits des Atlantiks innehatte. Beendet wurde die Solistik des *Sola scriptura typographica*. Darauf reduziert sich der besagte Untergang der Gutenberg Galaxie. Dem Buch ist durch die elektronischen Neomedien Konkurrenz erwachsen. Das aber gibt Anlass, sich neu auf die altbekannten Eigenarten des Buches zu besinnen, um darin Stärken zu entdecken, die ihm weiterhin große Zukunft versprechen, auch unabhängig von den Verkaufszahlen.

„Suchen und Finden" lautet das Motto des angekündigten Bibeljahres 2003. Ich meinerseits bin fündig geworden bei Karl Rahner und Ludwig Muth, zwei katholischen Theologen, denen sich die Anregung meines Titels: „Mit der Schrift allein" verdankt. Das ist eine Übersetzung des Ablativs *Sola scriptura*. Auch eine Übersetzung muss hinzugefügt werden, aber anders als in der dem Konfessionszeitalter entstammenden Kontroverstheologie, wenngleich grammatikalisch gut möglich. Nämlich nicht kriteriologisch: „... durch die Schrift allein", sondern kommunikativ, so dass die Umgangsweise zu Gehör kommt, das Handhaben des Buches, seine Solitüdenbildung: Alleinsein mit ihm. Und darin – so Rahner und Muth – liegt die beste Gewähr für das Überleben der Libralität inmitten der konkurrierenden Neomedien.

Schon Anfang der 60er Jahre, noch vor Beginn des Zweiten Vatikanischen Konzils und als die „neuen Medien" in der alten Welt erst vom Hörensagen aus Amerika bekannt waren, nannte Karl Rahner das Buch ein konstitutives „Moment an der Inkarnation des Wortes Gottes" und sprach ihm eschatologische Permanenz zu: „... dass das Buch, diese seltsame Erfindung aus jüngster Zeit, immer bleiben werde, nie mehr abgelöst werde, von nun an bis zum letzten Tag". Es sei „unerläßlich und unabschaffbar". Dieser auf die Fleischwerdung des Wortes setzenden Begründung stellte er zur Seite das anthropologische Argument der Individualitätsbildung: Anders als Wortverkündigung und Sakramentsfeier in der kirchlichen *communio sanctorum* „richtet sich die Lektüre an den einzelnen, einsamen Leser" in der Distinktion des je individuellen Fürsichseins. „Die Gegenwart der verdichteten, abgedämpften und bewältigten Welt in der Einsamkeit des Eingangs des Menschen in sich selbst ist das Buch" [20].

Auf diese zwei Gedanken seiner „Theologie des Buches" griff Rahner 1984, als allenthalben das Ende des Buchzeitalters traktiert wurde, zurück

---

[20]   Karl Rahner: Zur Theologie des Buches. Leipzig 1962. S. 12.16.17.28.39.

und kombinierte sie zu einer Lobrede auf Gutenberg, der zwar die patriotischen Töne früherer Jahrhunderte fehlte, die aber theologisch noch höher griff als im 15. und 16. Jahrhundert geschehen: „Die Schrift ist eine Botschaft an alle und an jeden einzelnen. Dieser Charakter der Schrift wird aber radikaler realisiert, wenn diese Schrift unmittelbar wirklich zu jedem und überallhin gelangen kann. Das aber ist doch eigentlich erst gegeben, wenn die Schrift ein Buch geworden ist, das leicht und praktisch so vervielfältigt werden kann, dass es das Buch überall und von jedem wird, also erst durch die sehr tiefgreifende Zäsur der menschlichen Geistesgeschichte, die mit dem Namen Gutenberg bezeichnet wird. ... Erst von dem Ende des 15. Jahrhunderts an war die Schrift im Stadium der vollen Realisation ihres eigenen Wesens. Jedes Buch, jede Bibliothek und jede Buchhandlung sagen für den, dem die Geschichte ihre radikale Bedeutung als Heilsgeschichte des Ewigen Lebens hat, dass das Wort Gottes als im Menschenwort inkarniert zu seinem vollen Wesen gekommen ist, indem es Buchwort wurde."[21] *Verbum caro factum est.* Das Buch inkarniert sich, geht ein in den Korpus des Bibelbuchs, um vermittels der Gutenbergschen Multiplizierungstechnik und ihrer Globalisierung im 20. Jahrhundert seine Erfüllung in aller Welt zu realisieren. So hoch wie hier waren die heilsgeschichtlichen Potentiale des Printmediums nicht einmal von den Humanisten und Reformatoren veranschlagt worden.

Ludwig Muth - selbst im Börsenverein des Deutschen Buchhandels lange für die Buchmarktforschung zuständig - griff die Laudatio auf, um sie fundamentaltheologisch zu untermauern mit ihrer vorgängigen Begründung in Gott, ihrer theogenen Notwendigkeit. Analog zu Anselm von Canterburys „Cur Deus homo" (warum Gott Mensch wurde, werden musste) fragte er nach dem „Cur Deus auctor?" Warum wurde Gott Schriftsteller, musste er zum Schriftsteller werden? „Das elektronische Zeitalter zwingt uns zu fragen, was es für einen Sinn hat, dass es nicht nur ein auserwähltes *Volk*, sondern offensichtlich auch ein auserwähltes *Medium* gibt." Antwort: Gott musste zum Autor werden, um alle Menschen zu Lesern zu machen, und diese Wesensnotwendigkeit tritt jetzt, da die „totale Alphabetisierung der Menschheit zu erwarten" steht, in ihre Erfüllung ein. „Die Schrift als eine

---

21   Karl Rahner: Die Heilige Schrift – Buch Gottes und der Menschen. In: Stimmen der Zeit. 1984. S. 44.

Botschaft an alle und an jeden einzelnen kommt erst dann, wie Karl Rahner sagt, an ihr Ziel, wenn sie wirklich alle und jeden einzelnen, wenigstens der Möglichkeit nach, erreicht. Die fortschreitende Alphabetisierung der Menschheit ist daher nicht nur ein zivilisatorischer Prozeß, sondern eine konstitutive Voraussetzung für das gebotene Wachstum des Gottesreiches ... Wenn Gott das Buch braucht, um sich selbst mitzuteilen, dann braucht Gott auch Menschen, die diese Mitteilung entziffern, verstehen und weitergeben können"[22]. Das Buch ist das erwählte *medium salutis* für den weltweit erlesenen *Deus auctor.*

Nicht der historische Gutenberg mit zwei schwergewichtigen Vulgatabänden unter den Armen steht bei dieser Apologie vor Augen, ja nicht einmal sein Bleisatz, der längst einer druckfreien elektronischen Produktionstechnik gewichen ist. Beide, Karl Rahner und Ludwig Muth, sehen in ihm vielmehr den Initiator des Taschenbuchzeitalters mit seinen handformatigen Massenerzeugnissen zu minimalen Kaufpreisen, für fast jedermann auf Erden erschwinglich. Erst in dieser Form kann die Buchmenschwerdung des Wortes ihre universale Individualisierungsmission erfüllen, um deretwillen sie erwählt wurde. Die entstandene Konkurrenz der elektronischen Kollektivierungsmedien im „globalen Dorf" macht dessen gewisser denn je.

Das „Wesen des Buches" liegt darin, zugleich universal und individuell, allgemein und besondernd zu sein. Es wird publiziert und privatisiert doch, wird veröffentlicht, herausgegeben auf dem Markt eines potentiell weltweiten anonymen Massenpublikums und doch je einzeln erworben und mit nach Hause genommen in den Winkel und ins abgeschiedene Kämmerlein: Ich will separiert sein mit ihm! Tür zu! Lesen ist eine stille, einsame und distinktionsbildende Tätigkeit, die jeder privatissime mit sich selbst abmacht: Silentium! *Solo libro* allein sein!

In vollen Zügen ist das am besten zu erfahren. Da gibt es kein probateres Mittel, dem sozialen Kommunikationsdruck auszuweichen, als ein Buch aus der Tasche zu ziehen und es aufzuschlagen. Es muss keinen Goldschnitt haben, aber handlich sollte es schon sein, eine Druckgröße für maximal 30 Zentimeter Abstand besitzen und im Rücken gebunden sein, um je nach

---

[22] Ludwig Muth: Lesen – ein Heilsweg. Vom religiösen Sinn des Lesens. Freiburg u.a. 1987. S. 22f. 40f.

Bedarf angewinkelt zu werden für den Ausschluss der anderen ringsum. Exklusiv. Libralsolistisch. Zeitungen sind zu großformatig, und der aufgeklappte Laptop ist zu flächig, um die Büchern wesenseigene Klausur zu schaffen. Sie lassen sich ja auch nicht mit ins Bett nehmen, ins kleinste Obdach, das man mit niemandem teilt. Bitte nicht stören! „Einsamkeit ist der Boden, Freiheit die Frucht der Lesekultur"[23].

---

[23] Ludwig Muth: Bücher sind kein geringes Teil des Glücks. In: Warum noch lesen? Hg. von Gerd-Klaus Kaltenbrunner. Freiburg 1983. S. 44.

Klaas Huizing

Legenden der Leidenschaft
Die neue Heimat der Religion im Film

Einleitung

Drei Elementargleichungen und eine erste Summe

Wer schwer besorgt ist, dem muss man es leicht machen. Wer mit dem
Ende der Gutenberg-Galaxie zugleich das Ende des buchgestützten Christentums diagnostiziert, benötigt einen anti-apokalyptischen Analytiker, der
behutsam die Ängste therapiert. Ich schlage vor, in der ersten Sitzung mit
drei ganz elementaren Gleichungen zu starten.

1. Schrift-Medien = Eindrucksverstärker

Diese These ist durchaus nicht selbstverständlich. Zunächst lebte irgendwo in Palästina ein sinnlich agierender Mensch, der einen überwältigenden
Eindruck auf seine Umgebung machte: Jesus von Nazaret. Die christlichen
Urschriftsteller, vulgo: die Evangelisten, erreichte diese Begeisterung bekanntlich relativ spät, und doch bleibt der Eindruck, den sie von dieser Person durch ihre Texte vermitteln, nicht hinter der Eindrucksmächtigkeit der
lebendigen Person zurück. Im Gegenteil. Durch ihre ästhetisch-poetische
Verdichtungsleistung verstärken sie den Eindruck für die LeserInnen, mit
der paradoxal anmutenden Konsequenz, dass die späten LeserInnen den mit
Jesus gleichzeitig lebenden Menschen gegenüber im Vorteil sind. Das ist die
Gnade der späten Geburt. Deshalb auch führen die (nun in die dritte Runde
gehenden) Versuche, hinter den Texten einen eminent eindrucksstarken
historischen Jesus auszugraben, zu relativ schwachen Eindrucksbildern, ver-
raten oft mehr über die Phantasien der Forscher als über den Eindruck der
erforschten Person. Wir sind auch weiterhin auf die Texte der Evangelisten
angewiesen und vor allem auf die Selbstporträts Jesu, auf die Gleichnisse,
einen Kernbestand der Überlieferung, wollen wir verstehen, worin der cha-

rismatische Eindruck der Person bestand und weiterhin besteht. Plakativ formuliert sind es die Gesten der Güte, die eine ursprüngliche Verbundenheit zwischen den Menschen zum Ausdruck brachten und immer noch als attraktiv empfunden werden.

Damit ist zunächst therapeutisch ein Konsens mit dem schwer besorgten, leseglaubigen Protestanten hergestellt. Die Verzweiflung über den drohenden Leseabbruch wird dadurch nur verstärkt. Deshalb ein zweiter therapeutischer Kniff.

2. Film-Medium = ausgezeichneter Eindrucksverstärker

Der Eindruck, den diese schriftlich porträtierte Gestalt macht, der Pool der zentralen Gesten, lässt sich durchaus auch in andere Medien übersetzen. Vielleicht gelingt das einigen Filmemachern, diesen spätmodernen religiösen Virtuosen, noch besser als den Evangelisten, weil das Medium des Films ein extrem sinnliches Medium ist, entschieden weniger leibfeindlich und gnosisanfällig als das Schriftmedium. Hier lässt sich der Eindruck und die zentrale Gestik hautnah verbildlichen.

Wie für die Lesekultur, so gilt auch für die Filmkultur: Virtuosen schöpfen neue Verdichtungsleistungen. Es gibt eine vitale ästhetisch inszenierte Religion in den Massenmedien als Ausdruck privater – also von kirchlichen Institutionen und dogmatischen Richtigkeiten entlastete – Religion. Ich lege dabei Wert auf die Selbstdeutung der Filmemacher, die – ironisch, pathetisch, zynisch, auch blasphemisch – Religion kommunizieren wollen. Schattet man diese produktionsästhetische Perspektive ab, argumentiert man eindimensional rezeptionsästhetisch, dann besteht die Gefahr, als beamteter Religionsfahnder überall Religion in den Filmen zu entdecken, die leider von den RezipientInnen des Film gar nicht ausgemacht werden.

Mein Vorschlag scheint eine entgegengesetzte Gefahr herauf zu beschwören: Schrumpft damit nicht die neue Heimat der Religion im Film auf den (zumeist müden) Jesusfilm zusammen? Kann, muss aber nicht sein. Eine religiöse Kommunikation liegt auch dann vor, wenn, allgemeiner gesagt, eindruckerweckende Legenden[1] erzählt werden, Legenden, die zunächst unser Alltagsverständnis verstören und doch Angebote für eine Neujustierung der eigenen Lebensführung bieten. Auffallend viele Filme bearbeiten Stoffe oder Formen der religiösen Legendenbildung oder stiften neue Legenden. Im Pantheon der modernen Film- und Clipkultur sind zentrale Figuren (FORREST GUMP, TRUMAN) nach diesem Modell entworfen worden. Diese Helden sind oft (sozial) stigmatisierte Helden[2], sind Narren, genauer: heilige Narren des Alltags.

3. Medientheologie = kritische Eindruckskunde

Weil der Legendenbegriff vielfältige Eindrucksgestalten zulässt, weil vor allem der Film eine Auratisierung der Filmhelden produzieren kann, bedarf es eines kritischen Instrumentariums, um zwischen legendarischen Angeboten zu unterscheiden. Als Imperativ empfehle ich: An den Gesten sollst du sie erkennen. (Schwach) Christlich religiös sind diese Legenden, sofern sie zentrale Gesten der christlichen Lebensdeutung einspielen oder covern. Anders gewendet: Inszenieren diese Figuren den Deutungsspielraum einer warmen Nahgesellschaft oder einer kalten Distanzgesellschaft?

Ich schlage folgenden medienästhetischen Religionsbegriff vor:

Christliche Religion speist sich aus dem Eindruck, den die urbildliche Legende durch den Einsatz eines Ensembles von Güte-Gesten gemacht hat (1), der auch heute noch religiöse Virtuosen zu medialen Cover-Versionen inspiriert (2) und AlltagsrezipientInnen motiviert, sich spielerisch mit dieser (Medien)Legende zu identifizieren (3), um einen hermeneutischen Prozess des Wiedererkennens und damit ein Reflexivwerden der Biographie auszulösen, das im Idealfall eine Neukonstitution evoziert (4) und auf lebensweltliche Darstellung (5) drängt.

---

[1] Vgl. Hans-Peter Ecker: Die Legende. Kulturanthropologische Annäherung an eine literarische Gattung. Stuttgart, Weimar 1993.

[2] Wolfgang Lipp: Drama Kultur. Berlin 1996.

4. Die Legende vom true man

Legenden-Bildung. Truman Burbank (JIM CARREY) ist ein Tor, ein Narr, ein Simpel. Aufrecht. Echt. Unschuldig. Soll man sagen authentisch? *Man kann diesen Film lesen als Beleg für die Möglichkeit inszenierter Authentizität.* Doch der Reihe nach.

Ein kleines Vorspiel:
Wir sehen den Regisseur/Supervisor/Mastermind Christof (Ed Harris), der mit dem Gestus eines Fernsehpredigers sagt: „Wir finden es langweilig, wenn uns Schauspieler falsche Gefühle vermitteln (sic!); das gilt auch für die Pyrotechnik und die Spezialeffekte. Während die Welt, die er bewohnt, natürlich in gewisser Weise gefälscht ist, ist absolut nichts Gefälschtes an Truman selbst, keine Drehbücher, keine Texthilfe. Es ist nicht immer Shakespeare, aber es ist echt! Es ist das Leben!" Eine kurze Einspielung, wie Truman vor dem Spiegel (Reflexion - bingo) philosophiert. Dann die Einblendung: Starring Truman Burbank as himself; created by Christof. Die Gattin, eine wirklich patente Gattin (Laura Linney), spricht „von einem wahrhaft gesegneten Leben". Sein Freund Marlon (Noah Emmerich) verkündet: „Es ist alles wahr und es ist alles echt ... es gibt nur eine gewisse Kontrolle." Der Film beginnt.

Die Sonne geht auf über der Stadt Seahaven. Verfilmte Hochglanzidylle wie aus einem Tui-Reisekatalog. Der Traum einer amerikanischen Kleinstadt. Truman Burbank tritt aus seinem Reihenhaus. Lächelnd. Ein politisch korrekter Vorzeigeamerikaner, weil er die afroamerikanischen Nachbarn über den strahlend weißen Gartenzaun hin freundlich und artig begrüßt: „Guten Morgen. Und - falls wir uns nicht mehr sehen - guten Tag, guten Abend, gute Nacht." Echt lustig. Wie gesagt: Schönste Idylle. Das real existierende Paradies. Jeder hat seinen Job - Truman ist Versicherungsmakler, versichert also das Leben -, seine Wohnung und den täglichen Auswurf an Glückshormonen. Sofern einem nicht der Himmel auf den Kopf fällt, kann nichts passieren. Und genau das tut er. Alles Gute kommt von oben, aber als Truman aus heiterem Himmel ein Bühnenscheinwerfer (Sirus, der hellste Stern am Himmel) vor die Füße kracht, ist nichts mehr wie es war. Die Idylle hat Risse bekommen. Truman wird skeptisch. Die Unschuld ist dahin.

Für den Zuschauer klärt sich der Kontext schnell auf: *The Life of Truman Burbank* ist eine riesige Filmshow, eine Art Mega-Big-Brother. Daily soap mit dem Charme der 50er. Viele Zuschauer verbringen mit ihm ihr Leben, lassen sogar nachts den Fernseher mit dem schlafenden Truman laufen. Als Beruhigungsmittel gegen die Angst vor Schlafes Bruder.

Seit seiner Geburt vor 30 Jahren, vor genau 10.909 Tagen, ist Truman ein vierundzwanzig Stunden-Heroe im Fernsehen, gesegnet mit einer gigantischen Einschaltquote von 1,7 Milliarden Zuschauern. 5000 Scheinwerfer – bzw. leider jetzt nur noch 4999 - leuchten seinen Tag aus. Das größte Studio überhaupt. Vergleichbar der Chinesischen Mauer. Dieses Mega-Studio können himmlische Dienstreisende, das ist Amerikas reichlich verspäteter Beitrag zur Kultur, vom Mond aus erkennen. Man muss konkretisieren: Vom wirklichen Mond aus, denn das Studio hat eine exklusive Sonne, exklusive Sterne und einen exklusiven Mond. Es ist immer Center-Park-Wetter.

Alles ist inszeniert. Jeder Schritt der Mitspieler. Jede Geste. Jeder Satz. Trumans Familie sind veritable Schauspieler. Und alles wird gelenkt vom Supervisor Christof, der reale Mann im Mond, der von seinem erhöhten Horch- und Sichtposten aus alles überwacht. Wie dieser Christof in einem „True Talk" den Zuschauern stolz mitteilt, erwirtschaftet diese Sendung das Bruttosozialprodukt eines kleinen Landes. Productplacing pur. Buchstäblich alles aus der Sendung kann der Zuschauer per Katalog bestellen: die Anzüge, die Häuser, die Versicherungen, die Gartenanlagen, einfach alles.

Dem Regisseur PETER WEIR („Der Club der toten Dichter") gelingt es, die Rahmenhandlung so zu konstruieren, dass die beim Kinogänger aufkommende Frage, wieso Truman niemals sein Paradies verlassen wollte, verstummt: Truman hat ein Trauma, weil sein Vater während einer gemeinsamen Segelfahrt (scheinbar) ums Leben kam; seitdem fürchtet er sich vor dem Wasser. Die Stadt Seehaven ist von Wasser umgeben. Wie praktisch. Ergo erwächst in Truman selten der Wunsch, die Stadt zu verlassen. Wenn nötig, pult seine Schauspieler-Mutter (HOLLAND TAYLOR) ein bisschen in dieser Wunde herum: „Ich habe dir nie die Schuld an dem Unglück gegeben..." Zudem wird Truman pausenlos beschallt: Das Radio sendet immer beruhigende Klänge und preist das Leben in der Kleinstadt; sein (offensichtlich) eingebläuter Lieblingsfilm heißt: Show me the way to go home, eine Lobeshymne des Kleinstadtlebens und der Freundschaft: „Keiner ist arm, der Freunde hat." Sein Freund (der offensichtlich immer mal wieder für vier

Wochen Urlaub aus der Sendung herausgeschrieben wird) redet ihm bei einem Sixpack Reisepläne aus. Seine Gattin, die ironisch säuselt: „Du möchtest ein Entdecker sein?" (Anspielung auf den Regisseur Christof/Kolumbus), lockt mit einem Baby: „Ein Baby ist Abenteuer genug!" Geplant war offensichtlich, die Befruchtung live zu übertragen! Sexszenen selbst fehlen allerdings, werden mit Musik überblendet. Auch hier: prüdes Amerika!

Die versteckten Kameras gewähren eine leicht intime Optik. Schlüssellochperspektive. Klinische Peep-Show. Oder bieten, wie Christof im Finale fordert, die „Heldeneinstellung", also schräg von unten photographiert. Und auch wenn die eigene Frau plötzlich eine Reklameszene mimt, darf das Truman nicht verstören: er ist damit aufgewachsen. „Meryl: Hallo Schatz! Sieh mal, was ich habe ... Dieser Küchenfreund kann schneiden, raspeln, schälen in einem Gerät. Es muss nie geschliffen werden und ist spülmaschinenfest. Truman: Wow. Das ist ja ein Superding!" Erst später, nach einem dramatischen Fluchtversuch, entdeckt Truman plötzlich, dass der Reklamespruch seiner (wie gesagt: sehr, sehr patenten) Gattin für Kakao reichlich daneben ist. Und der Küchenfreund wird ihr, als Truman den Werbespruch zynisch zitiert, plötzlich eher unheimlich.

Und warum zappen die Zuschauer seit 30 Jahren nicht weg? Weil sich in diesem reinen Tor die Sehnsüchte der Zuschauer nach der heilen Welt verdichten. Christof bekennt, Truman habe die Menschen *inspiriert und ihnen Hoffnung gegeben.* (Eine bis in den Wortlaut hinein verwandte Formulierung gibt es im Forrest-Gump-Film.) Und solange der Finger der Fernsehzuschauer an der Fernbedienung nicht zuckt, ist Truman dazu verdammt, die Rolle weiter zu spielen. Befreit würde er nur, wenn die Zahlen in den Keller fielen und die Soap vom Spielplan gestrichen würde. Ein solch dramatischer Umschwung ist zunächst nicht in Sicht. Trumans Zuschauer sind treu.

Diese irre, auf den ersten Blick völlig überdehnte Fiktion und Mediensatire könnte also durchaus funktionieren. Sie funktioniert, bis erste Materialermüdungen die geölte Maschinerie ruinieren. Trumans Autoradio sendet Regieanweisungen (eine Panne, die als Polizeifunk weginterpretiert wird); er trifft auf einen Bettler (die gab es offensichtlich nicht in diesem sozialen Paradies), in dem er seinen verstorbenen Vater wiederzuerkennen glaubt (prompt wird der entführt und der Abtransport als Säuberungsaktion deklariert); in einem Gebäude funktioniert ein Fahrstuhl nicht und Truman steht plötzlich in der Kulisse (Anspielung auf den amerikanischen Western?); Menschen, die er noch nie gesehen hat, sprechen ihn mit seinem Namen an ...

Und dann begehrt Truman endlich auf, macht sich auf die Suche nach dem eigenen Ich. Spürt Fernweh. Will verreisen. Der Drehbuchautor denkt sich die irrsten Szenen aus, um das zu verhindern: Flüge sind ausgebucht (wie ein Menetekel warnt ein Plakat mit einem Flugzeug, in das ein Blitz einschlägt: „It could happen to you!"); der berühmte Greyhound-Bus verreckt just in dem Augenblick, in dem Truman verreisen will; als er mit dem Auto losbraust, sind erst die Straßen verstopft, dann simuliert man ein Leck in einem Kraftwerk ...

Mit diesen Szenen bedient der Mastermind Christof allerdings unbewusst eine ganz andere Dialektik: Plötzlich identifizieren sich die Menschen vor den Bildschirmen mit dem Aufbegehren ihres Helden, träumen mit Truman den *American dream* eines Heroe, der sich gegen geheime Mächte auflehnt - und gewinnt. Das ist das Ende der 30-jährigen Show. Truman ist selbstständig geworden. Mündig. Das muss auch sein Vater im Himmel, der ihn einst im Namen seiner Firma adoptierte, einsehen. Nur knapp allerdings siegen die Gefühle über den ökonomischen Kalkül. Zwar hat es zwischenzeitlich immer mal wieder Pannen gegeben, aber die wurden profihaft gemeistert: ein Fallschirmspringer, der über dem Eiland abspringt; ein Überraschungsgast aus einer Geburtstagstorte, der in der Show landen will; eine Kommilitonin, in die sich Truman kurzzeitig verliebt und die ihm die Wahrheit andeutet [„Alle verstellen sich (...), es ist alles verfälscht (... alle schauen dir zu!")], wird von einem (soll man sagen: falschen?) Filmvater gewaltsam entführt mit dem Hinweis auf Silvias Schizophrenie. (Guter Gag!) Als Truman ihr nachreisen will, wird seine Mutter krank, er bleibt zu Hause (guter amerikanischer Junge!) und tröstet sich mit der - wie gesagt - sehr patenten Gattin. Die aus der Serie entführte Schauspielerin gründet anschließend die „Free-Truman-Initiative". In einem kurzen telefonischen Wortgefecht mit Christof im „True Talk" behauptet Christof noch sehr selbstsicher: „Seehaven ist so, wie die Welt sein sollte. (...) Truman zieht die Zelle vor."

Legendentest. Die legendarischen Motive sind überdeutlich eingespielt. Am dicksten aufgetragen ist das Alter des Protagonisten: 30 Jahre, also wiederum der Beginn der öffentlichen Wirksamkeit Christi. Dieser Zeitindex ist nur mit Goodwill auf Zuschauerseite zu akzeptieren, weil man so viel Gutgläubigkeit (und Naivität) nur mit viel Mühe unterstellt. Sehr viel überzeugender ist das hintersinnige Spiel mit den Vaterfiguren. Zunächst präsentiert der Film eine kluge Spiegelung des Gleichnisses vom Verlorenen Sohn. Nicht der Sohn ist verloren, sondern der Vater. Genauer: beide Väter.

Offensichtlich musste der 'leibliche Vater', ebenfalls eine Fiktion, aussteigen, und der göttliche Drehbuchautor hat den dramatischen Abgang vom Set knallhart festgelegt. Dieser Vater kommt aber - ganz eindeutig entgegen der Regieanweisung - zurück, ob von Reue oder Bildschirmgeilheit getrieben, kann offen bleiben. In dieser Cover-Version erkennt der Sohn seinen Vater in den Lumpen (sic!) wieder. Diese Panne wird zum Anlass einer inszenierten Versöhnung. Erklärt wird die Rückkehr des Vaters mit einer 22jährigen Amnesie! Ähnliches gab es schon vorher bei Denver und Dallas. Der Mastermind Christof widmet die biblische Geschichte um. Der Vater, nicht der Sohn sagt: „Mein Sohn! (...) *Ich* (sic!) werde es wieder gutmachen!" Authentisch ist der Sohn, nicht der Vater.

Kräftig ironisch überzeichnet ist der Chef vom Dienst und Supervisor Christof. Der Name spielt sowohl auf den Entdecker der schönen neuen Welt, Kolumbus, an, verkörpert also den Entdeckertraum, als auch auf Christophorus, der den kleinen Jesus durch die Fluten trägt, und führt natürlich auch Christus selbst im Namen. Er agiert in einer bildschirmüberladenen Kommandozentrale, die an das Raumschiff Enterprise erinnert. Und auch die szenische Dramaturgie spielt mit Versatzstücken dieses Klassikers: Meteoriten, sprich: Scheinwerfer bedrohen die Erde; die Regenmaschine funktioniert nicht mehr - ein Wärmetod droht; Außerirdische, sprich: Bettler planen einen Übergriff. Allmählich gerät alles außer Kontrolle. Der Drehbuchautor hat sich offensichtlich verschrieben.

Offensiv inszeniert der Film auch eine Kippfigur der Paradiesgeschichte. Natürlich ist es der Wissensdurst, der dazu führt, dass Truman Burbank das Paradies verlässt. Nur ist es hier sein ganz eigener Wille, das Paradies zu verlassen. Der Schöpfer des Paradieses täte alles, um ihn dort zu behalten. Bisher musste der freie Wille für den Sündenfall herhalten, und sei es, man erklärte ihn letztlich für unfrei, das Gute zu wählen (Erbsündenlehre). Jetzt ist der Wille (kein ganz neuer Gedanke) Ort für den Willen zur Selbstfindung - zum true man, zum echten Menschen. In der Schlussszene, nach der wundersamen Sturmstillung, nachdem der Klüverbaum (!) des Schiffes den Horizont gerammt hat, als Truman bereits auf der Himmelsleiter steht, um nach draußen zu kommen, nachdem er also auf der „Santa Maria" (Christof Kolumbus, Mutter Gottes) einen neuen Horizont erobert und die finalen Verlockungen im Sturmkampf durch ein Festbinden am und im Boot (O-dysseus-Motiv) überstanden hat, stellt sich ihm Christof als „dein Schöpfer" vor: „Du gehörst zu mir!" Während der Taufszene im Jordan sprach Gott aus den Wolken: „Du bist mein lieber Sohn, an dir fand ich Wohlgefallen." (Lk 3, 22, Verweis auf die Adoptionsformel Psalm 2,7: „Du bist mein Sohn. Heute habe ich dich gezeugt.") Hier, mit reichlich viel Wasser, wird die A-doption des Sohnes noch einmal wiederholt, allerdings steigt der Sohn aus und bricht - ein wunderbares Schlussbild - durch den Horizont durch mit dem tausendmal gesagten Satz: „Und - falls wir uns nicht mehr sehen - guten Tag, guten Abend, gute Nacht." Seinem Schöpfer wird „Gute Nacht" gesagt.

Man darf den Film auch als herbe Kritik an tradierten totalitären Gottes-vorstellungen lesen, wo alles minutiös vorherbestimmt und der Mensch wie an Fäden geführt wird. Es gibt eine herrliche Szene im Film, die die Vor-stellung von Prädestination ironisiert, als Truman nämlich mit seiner Gattin im Auto sitzt und ihr eine Vorhersage macht: „Gleich erscheint eine Frau auf einem roten Fahrrad, dann ein Mann mit einem Blumenstrauss, dann ein Käfer mit einer Beule." Und siehe, die Vorhersage trifft ein. Natürlich.

Wichtige Kriterien für eine Legendenbildung, die Ecker in seinem Stan-dardwerk benennt, sind deutlich identifizierbar. Auch TRUMAN ist nicht von oder in dieser Welt, sofern man darunter die inszenierte Medienwelt ver-steht. Das Wunder steckt im Namen: Er ist der *true man* in einem verloge-nen Medienkosmos. Das ist mehr als dissonant (Dissonanzkriterium). Ob-wohl WEIR mit Kippungen, Spiegelungen und Drehungen biblischer Motive arbeitet, sind sie so markant, dass das Konsonanz-Kriterium, (Deutungshilfen für die verstörende Erfahrung) funktioniert. Nicht nur latent wird sich bei vielen Zuschauern das Gefühl einstellen: Es gibt einen himmlischen Regis-seur (Markierungskriterium)! Hier kritisch auf einen Medientotalitarismus angewandt. Relevant und gleichermaßen *unterstützend* in der Daseinsbe-wältigung ist die Legende (Unterstützungkriterium), wenn es den Zuschau-ern dadurch gelingt, das Leben besser in den Griff zu bekommen: also zu-mindest wieder eine Idee davon zu erhalten, was es heißt, ein wahrer, sprich authentischer Mensch zu sein. Stellvertretend für die Zuschauer dokumen-tiert das Film-Publikum die Wirkung dieser Legende auf das eigene Leben.

Les-Arten. Selbstredend sind bei diesem Film viele Les-Arten möglich. Eine psychologische oder psychoanalytische etwa, denn der freudianische Subtext ist offensichtlich: Man muss erst die väterliche Welt durchbrechen, um die eigene Welt zu erschließen. Oder eine struktural-semiotische. In diesem Paradigma ließe sich auch genau untersuchen, wie oft das Kreuzzeichen signalhaft auftaucht: bei der Hochzeit kreuzt die Gattin Meryl die Finger, um das Treuegelöbnis ungültig zu machen, Truman entdeckt es, als er die Hochzeitsphotos mustert; in der nächsten Einstellung wird das Kreuzzeichen in einer Fensterscheibe erneut zitiert; bei einem Fluchtversuch bleibt Truman auf der Kreuzung stecken etc. Oder eine strikt soziologische Les-Art: Der mediale Verblendungszusammenhang reflektiert sich selbst.

Meine ästhetisch-gestische Les-Art berührt sich besonders stark mit der soziologischen. Als Schlüsselszene darf der Minidialog zwischen Truman und Christof gelten: „War gar nichts echt?" „Du!"

Hier wird noch einmal die Authentizität gefeiert. Wenn denn alles inszeniert ist, und wenn alle darum wissen, dann sehnt sich jeder nach Echtheit und spürt fieberhaft diesen Erfahrungen nach – obwohl niemand sicher sein kann, dass Gesten authentisch und nicht inszeniert sind. Auch deshalb hatte die Truman-Show so große Zuschauerzahlen. Die Echtheit in Zeiten der reflektierten Inszenierung sucht sich den Narren, den Simpel. Auch große Gefühle und Gesten lassen sich in der horriblen Kommunikationssituation der Soaps inszenieren: in der stigmatisierten Gestalt des Medien-Caspar-Hausers Truman.

Ein abschließender Blick auf die Synästhesien und die Bewegungsanmutungen zeigt, *wie* der Film das Bild eines authentischen Menschen kommuniziert.

Synästhesien[3]. Fragt man nach den Synästhesien, dann muss man die Frage beantworten, was diese Authentizitätsatmosphäre ausmacht. Ganz einfach formuliert: Warum lieben alle Truman? Warum reagieren die meisten der Zuschauer mit Sehnsucht und innerer Wärme und damit auch mit einer leiblichen Öffnung, wenden sich eben nicht ab, sondern alltäglich hin zu diesem Medien-Helden? Zunächst: Die Atmosphäre der Umgebung ist nicht abweisend; sie ist vertraut, entspricht den Sehnsüchten vieler Amerikaner

---

[3]   Den Ausdruck übernehme ich von Hermann Schmitz: Der unerschöpfliche Gegenstand. Grundzüge der Philosophie. Bonn 1990.

nach einer gleichermaßen gepflegten und langweiligen Vorstadtidylle. Und Truman selbst ist in seiner Gestik *hilfsbereit, freundlich, offen*. Ausgehend von dieser *atmosphärischen Grundstimmung* entdeckt man dann auch, dass Truman in vielen Szenen Pullover, Jacken und Anzugsakkos in warmen Tönen trägt, die Hosen sind meistens, zur Unterstreichung der eigenen Unschuld, hell, oft weiß. Trumans faciale Ausdrucksqualität ist nahezu unerschütterlich, gelöst, freundlich, warmherzig, kurz: *Klartext*. Erst als der Verdacht bei ihm keimt, verzieht er häufiger das Gesicht wie ein Kind, das zu Unrecht bestraft worden ist.

Bewegungsanmutungen[4]. Die Bewegungsanmutungen, die dieser true man aussendet und die auf die Sensibilität beim Zuschauer überspringen sollen, also atmosphärisch gespürt werden, gipfeln letztlich in einer transzendierenden Bewegung. Nicht zufällig endet der Film auf einer Himmelsleiter. Die leibliche Bewegung, die hier mitvollzogen werden soll, ist die des Überstiegs, der Ekstase, vulgo: des Ausstiegs aus der Nicht-Authentizität - als man noch Heideggerianisch sprach, hätte man dieses Transzendieren den Vollzug der Eigentlichkeit genannt.

Ist gestische Authentizität also nur noch gebrochen, im Rahmen einer Mediensatire zitierbar? Offensichtlich. Sogar die Gesten und Beteuerungen des Freundes sind falsch. Ihm werden Sätze (per Mikro von Christof) souffliert wie: „Ich würde mich für dich vor ein Auto werfen. (...) Eins würde ich nie tun, dich anlügen."

Noch die Urgeste der Güte, die Umarmung, wird kühl per Drehbuch verordnet – und ist doch von Seiten Trumans authentisch. In der Szene der Rückkehr des Vaters (und im Finale) zeigt der Film durch Einblendung der Regieanweisungen, *wie* große Filmgefühle und Gesten inszeniert werden. (Deshalb ist die Truman-Show mein ganz persönlicher Kult-Film. Eine wirklich starke Liebe.) Die präzise getimten Regieanweisungen lauten: *Nicht zuviel Nebel! Krankamera! Knopfkamera! Straßenkamera! Jetzt Musik einblenden! Jetzt Nahaufnahme!* Dann die Umarmung. Man sieht den vor Glück schwelgenden Truman. Auch vor den Bildschirmen umarmt man sich rührselig. Die Übertragung der Bewegungen funktioniert also. Der Regisseur wird im Gegenzug von seinen Mitarbeitern als Geste der Anerkennung für

---

4   Ebd.

diesen kühl inszenierten Coup, für die perfekte Konstruktion des Spannungsbogens, umarmt.

Nur in einer kurzen Berührung mit der aus der Serie verschleppten Schauspielerin erlebt Truman, dieser Medien-Caspar-Hauser, nicht-inszenierte Gefühle. Danach ist auch ihr – wie allen anderen Zuschauern – eine Berührung nur noch vermittelt über das Glas des Bildschirms möglich. Deshalb lautet Trumans Paradies ‚Fidschi‘. Dorthin soll seine kurze große Liebe ausgewandert sein. Die Grundstimmung „heilige Wehmut" - nach SCHLEIERMACHER die Grundstimmung der Christen, übrigens den Abschiedsreden Jesu abgelesen - , wird kanalisiert zum Ausbruch aus dem Paradies. Dieser Medien-Gott wird verlassen.

Das Paradies und das Leben sind anderswo.

3. Schluss

An den Gesten sollst du sie erkennen

Nochmals: Ich schätze an dem Film ‚Die Truman-Show' die metakritische Offenlegung einer ästhetischen Inszenierung von Gefühlen, die zumindest die Sehnsucht nach echten und authentischen Gefühlen wachruft. Allerdings: Ob Gesten ‚echt' und ‚authentisch' sind, lässt sich oft nur im Blick auf ein ganzes Leben entscheiden, ob nämlich im Horizont, im Klima der Person eine warme Nahgesellschaft oder eine kalte Distanzgesellschaft Gestalt gewinnt. Vielleicht können ausgezeichnete Inszenierungen im Film-Medium den Wärmegrad einer Gesellschaft entschieden besser erhöhen, als es das Schrift-Medium vermag.

Wer schwer besorgt ist, dem muss man es leicht machen. Wer es sich zu leicht macht, dem sollte man es schwer machen.

Habe ich es mir zu leicht gemacht?

Markus Buntfuß

Medientheologie als ästhetische Vermittlungstheologie

1. Substantiale und funktionale Religionstheorie

Seit sich die neuzeitliche Theologie von der Religion als ihrem Gegenstand zu unterscheiden gelernt hat, bewegt sie sich bei den Versuchen, ihr Thema zu bestimmen, zwischen den Polen von Verfestigung und Verflüssigung, von präskriptiver Beschränkung und deskriptiver Entgrenzung, die in ihren Extrempositionen jeweils eine von zwei Seiten darstellen, vom Pferd zu fallen, indem sie die Religion als Gegenstand entweder reduzieren oder verlieren.

a) Das eine Extrem, ich möchte es die *dogmatische Überbestimmung von Religion* nennen, entspricht dem theologischen Strukturtyp der Orthodoxie und ist bestrebt, die Religion entweder ideologisch auf ein bestimmtes Bekenntnis, bzw. einen bestimmten Lehrbestand oder soziologisch auf eine bestimmte Sozialform, z.B. eine bestimmte Institution (Kirche) zu fixieren. In der Tradition dieses Modells steht heute der Versuch einer substantialen Religionsdefinition, die das Vorkommen von Religion von bestimmten sprachlichen oder rituellen Vollzügen abhängig macht. Sowohl eine von der gelehrten Religion unterschiedene gelebte Religion als auch eine Privatreligion im Unterschied zur Kirchenreligion fallen von daher durchs Beobachtungsraster.

b) Das andere Extrem, ich möchte es die *funktionale Unterbestimmung von Religion* nennen, ist eine moderne Erscheinung und tritt im Gefolge theologischer Modernisierungsprogramme auf, angefangen vom theologischen Rationalismus der Aufklärung und seiner Lehre von der natürlichen Religion bis hin zur neoklassischen Religionssoziologie und ihrer Theorie von der unsichtbaren Religion. An die Stelle einer ideologischen oder institutionellen Bestimmung tritt eine funktionale Definition von Religion, die deren Vorkommen an das Kriterium anthropologischer oder gesellschaftlicher Problemlösungsstrategien bindet (Sinnkonstitution, Kontingenzbewältigung, soziale Integration) und sich dabei gänzlich von den geschichtlich ausgebildeten Symbolsystemen der Religion lösen kann. Dieser Problemzusammenhang bedarf der Erläuterung.

Bereits den Neologen in der zweiten Hälfte des 18. Jahrhunderts ging es unter Absehung von der orthodoxen Lehrgestalt des Christentums um die Religion als eine Angelegenheit des Menschen.[1] Sie lösten das Wesen des Christentums von seinen dogmatischen Bestimmungen ebenso wie von seinen geschichtlichen Erscheinungsformen und identifizierten es mit dem Konstrukt einer ‚*natürlichen Religion*', die sie in enge Beziehung zur Sittlichkeit setzten. Das Christentum als natürliche Religion entsprach seinem Wesen dort am genauesten, wo es den Menschen „über die gemeine sinnliche Ansicht des Lebens zur Erkenntnis seiner wahren höheren, allein sittlich-religiös faßbaren Bestimmung"[2] erhob. Religion wurde als Beitrag zur Moralität, das heißt im Hinblick auf ihren gesellschaftlichen Nutzen thematisch. Das religionstheoretische Modernisierungsprogramm der Aufklärungstheologie bediente sich dabei gerne des Modells von Schale und Kern, um die grundlegende Funktion der Religion – ihren bürgerlichen Zweck – von ihren historischen Erscheinungsformen im Wandel der Zeiten zu unterscheiden.

In dieser Gegenüberstellung von Funktion und Form, sowie in dem Versuch einen allgemeinen Religionsbegriff im Unterschied zu den geschichtlich-positiven Erscheinungsformen des Religiösen zu etablieren, entspricht die neologische Lehre der natürlich-sittlichen Religion in auffälliger Weise einer funktionalen Religionstheorie heutiger Provenienz. Die natürliche Religion des Rationalismus und die unsichtbare Religion des Funktionalismus verbindet ein gemeinsames Grundanliegen. Luckmanns Versuch etwa, die auf Explizität und Institution fixierte Apartsetzung der Religion, sowie die damit einhergehende Diastase zwischen Religion und Gesellschaft zu überwinden, führt auch ihn zu „einer konsequenten Enthistorisierung und

---

[1]   Johann Joachim Spalding: Religion, eine Angelegenheit des Menschen (1. Aufl. 1797 – 4. Aufl. 1806). Kritische Ausgabe. Hg. von Albrecht Beutel. Erste Abteilung: Schriften Bd. 5. Hg. von Tobias Jersak und Georg Friedrich Wagner. Tübingen 2001.

[2]   Emanuel Hirsch: Geschichte der neueren evangelischen Theologie im Zusammenhang mit den allgemeinen Bewegungen des europäischen Denkens. Bd. IV. Gütersloh 1964. S. 16.

,dechristianisierenden' Verallgemeinerung des Religionsbegriffs"[3]. Denn Religion ist seiner Auffassung zufolge überall dort am Werk, wo Individuen sich in Beziehung setzen zu einer sie übergreifenden gesellschaftlichen Ordnung, das heißt, „wo das Verhalten der Gattungsmitglieder zum sinnorientierten Handeln wird"[4].

Wie sich die Aufklärungstheologen gegen die Identifikation der Religion mit einer bestimmten dogmatischen Lehrgestalt wendeten, um sie im Gegenzug dem Funktionsprinzip der Sittlichkeit zuzuordnen, so ziehen funktionale Religionssoziologen gegen die Reduktion der Religion auf eine bestimmte kirchliche Organisationsform ins Feld, um sie mit dem Funktionsprinzip der Gesellschaft zu identifizieren. Dem Konstrukt einer in die Sittlichkeit aufgelösten und rational ausweisbaren Vernuftreligion seitens des theologischen Rationalismus entspricht das Konstrukt einer enthistorisierten und funktional verallgemeinerten Gesellschaftsreligion, die sich in die Unsichtbarkeit verliert. In letzter Konsequenz muss sich die programmatische Entschränkung des Religionsbegriffs deshalb zugleich als Beschränkung seines theoretischen Beschreibungspotentials erweisen.

c) Ein dritter Strukturtyp von Theologie schließlich, der sich bereits durch die bisher verwendete Metaphorik als ,Vermittlungstheologie'[5] empfiehlt und auch als solcher theologiegeschichtlich Karriere gemacht hat, stellt den Versuch dar, das eigentümliche Wesen der Religion jenseits von Reduktion und Diffusion in einem vermittelnden Prozess zwischen historisch-erzählender Darstellung und hermeneutisch-verstehender Deutung zu erfassen. Aus diesem Grund kann man die Leistung der religionstheoretischen Wende um 1800 auch als Wiederentdeckung der eigentümlichen *Form der Religion* im Unterschied zu ihren jeweiligen Funktionsbestim-

---

3 Martin Laube: Zum Problem der Religion in der modernen Gesellschaft. Über die Weiterentwicklung der Christentumssoziologie zu einer systemtheoretischen Religionssoziologie. In: Vermittlungstheologie als Christentumstheorie. Hg. von Christian Albrecht und Friedemann Voigt. Hannover 2001. S. 116.

4 Thomas Luckmann: Privatisierung und Individualisierung. Zur Sozialform der Religion in spätindustriellen Gesellschaften. In: Religiöse Individualisierung oder Säkularisierung. Biographie und Gruppe als Bezugspunkte moderner Religiosität. Hg. von Karl Gabriel. Gütersloh 1996. S. 18.

5 Vgl. Friedrich Wilhelm Graf: Vermittlungstheologie. In: Wörterbuch des Christentums. Gütersloh 1988. Sp. 1318f.

mungen im Zusammenhang der theoretischen Welterkenntnis (Metaphysik) oder der praktischen Lebensführung (Moral) beschreiben. Diese eigentümliche Form aber erschließt sich nicht unter Absehung, sondern nur vermittels dezidierter Zuwendung zur geschichtlich-positiven Religion – freilich ohne sie erneut mit ihrer orthodoxen Lehrgestalt oder ihrer institutionalisierten Kirchengestalt zu identifizieren. Das religionstheoretische Modernisierungsprogramm der Vermittlungstheologie entwickelt die Kriterien für eine aktuelle Identifikation von Religion im historisch reflektierten Durchgang durch seine geschichtlichen Erscheinungsformen und setzt an die Stelle funktionaler Substitution das Verfahren hermeneutischer Interpretation.

2. Substantiale und funktionale Medientheologie

Aus den markierten Defiziten einer material-substantialen wie einer formal-funktionalen Religionstheorie resultiert somit die Suche nach einer neuen Vermittlungstheologie, die in der Lage ist, die Einsichten einer im Hinblick auf die Sozialform der Religion entschränkten Perspektive zu bewahren, ohne die Religion dabei gänzlich aus dem Blick zu verlieren, indem man sie überall am Werke sieht. Dabei steht vor allem die Frage im Vordergrund, wie „der gesellschaftliche Ort des nichtkirchlichen Christentums zu bestimmen ist"[6]. Einem unausgesprochenen Konsens seitens der beruflichen Religionsdeuter zufolge bezeichnen die *Medien* einen herausragenden Ort, an dem das nichtkirchliche Christentum, bzw. die gegenwärtig *gelebte Religion*[7] semiotisch fassbar und zum Gegenstand theologischer Interpretation werden kann. Wendet man sich vor dem Hintergrund der oben skizzierten Typologie religionstheologischer Grundorientierungen nunmehr der Frage nach dem Ort der Religion in den Medien bzw. der religiösen Dimension der Medien als solcher zu, so wird deutlich, dass sich dabei auch das jeweils zugrunde liegende theologische Strukturmodell erkenntnisleitend und theoriebildend auswirkt.

---

[6]   Laube, a.a.O. S. 119.

[7]   Vgl. etwa Wolf-Eckart Failing/Hans-Günter Heimbrock (Hrsg.): Gelebte Religion wahrnehmen. Lebenswelt – Alltagskultur – Religionspraxis. Stuttgart 1998. Sowie: Albrecht Grözinger/Georg Pfleiderer (Hrsg.): „Gelebte Religion" als Programmbegriff Systematischer und Praktischer Theologie. Zürich 2002.

a) In der Perspektive der dogmatischen Überbestimmung treten die Medien vor allem als sekundäre Transporttechniken der Verkündigung oder der Mission in den Blick, mit denen sich religiöse Sachverhalte des christlichen Glaubens oder institutionelle Interessen der Kirchen vermitteln lassen. Abgesehen von dem dabei vorausgesetzten Röhren- oder Containermodell, das die inhaltliche Eigenbedeutung der Medien unterschlägt, erlaubt diese Heuristik nur dann von Religion in den Medien zu sprechen, wenn im Fernsehen eine Pfarrerserie läuft, ein Gottesdienst übertragen wird oder die Ortsgemeinde eine Homepage im Internet unterhält.

b) Entsprechend gegensätzlich gestaltet sich eine Medientheologie im Licht der funktionalen Unterbestimmung von Religion. Getreu der medientheoretischen Universalisierungsthese Marshall MacLuhans (1911-1980) *The medium is the message* kommt man hier zu dem Schluss, die Medien selbst seien religiös, bzw. übernähmen religiöse Funktionen. In dieser Theorieperspektive kann zum Beispiel *das* Fernsehen – unabhängig vom Selbstverständnis der Produzenten, sowie der Rezipienten – als mythische Erzählmaschine[8] oder *das* Kino als narrative Sinnmaschine[9] mit religiösen Funktionen interpretiert werden. In konsequenter Durchführung dieses Ansatzes hat man inzwischen auch eine Fußballreligion, eine Autoreligion und eine Börsenreligion entdeckt. Der oftmals frappierende Erkenntnisgewinn solcher Ausweitungen des Religionsthemas sei damit gar nicht bestritten. Dennoch werden an solchen Universalisierungsstrategien auch die Grenzen der zugrunde liegenden Argumentationsstrategie sichtbar, da der Religionsbegriff letztlich auf alle symbolischen Formen der Kultur Anwendung finden kann und dabei seines spezifischen Bedeutungsumfangs verlustig zu gehen droht.

---

[8] Günter Thomas: Medien – Ritual – Religion. Zur religiösen Funktion des Fernsehens. Frankfurt a.M. 1998.

[9] Jörg Herrmann: Sinnmaschine Kino. Sinndeutung und Religion im populären Film. Gütersloh 2001.
Sowohl die Arbeit von Thomas, wie die von Herrmann steht hier nur idealtypisch für eine bestimmte Interpretationsrichtung. Keinesfalls wird damit der Anspruch einer angemessenen Würdigung der sehr viel differenzierter argumentierenden Studien erhoben. So findet sich etwa bei Herrmann durchaus auch eine konstruktive Aufnahme substantialer Fragerichtungen.

c) Wie sähe demgegenüber eine medientheologische Vermittlungspositi-on aus, die in der Lage wäre, zwischen der *Skylla* einer religiösen Instru-mentalisierung der Medien und der *Charybdis* ihrer religiösen Überqualifi-zierung hindurchzusteuern? Methodisch hätte sie sich jedenfalls an jener oszillierenden Pendelbewegung zwischen historisch-kulturgeschichtlicher Identifikation und hermeneutisch-strukturaler Interpretation zu orientieren, die für die klassische Vermittlungstheologie theoriebildend war.

Dieser zunächst noch sehr vagen Richtungsangabe entnehme ich vorerst zwei Minimalbedingungen, die mir bei einer allfälligen Ortsbestimmung der Religion in den Medien erforderlich zu sein scheinen, um weder der sub-stantialen Instrumentalisierung noch der funktionalen Inflationierung zu erliegen. Die erste betrifft den Rückbezug jeder Interpretation medialer In-szenierungen auf die materiale Kultur und die geschichtlichen Symbolwel-ten der positiven Religionen (Mythen, Legenden, Texte, Lieder, Figuren, Riten und Lebensformen), wobei die ganze Bandbreite zitierender, ironisie-render, kritisierender und interpretierender Bezugnahmen auf die ge-schichtlichen Symbolbestände der positiven Religionen in Rechnung zu stellen ist. Die andere betrifft das Selbstverständnis der Teilnehmer am me-dial-religiösen Kommunikationsgeschehen. Hier scheint mir die religiöse Intention des Produzenten und/oder Rezipienten medialer Inszenierungen, sei sie affirmativ, ironisch oder kritisch, unabdingbar zu sein. Eine aus-schließlich von Gnaden des Interpreten vorgenommene Bestimmung medi-aler Inszenierungen als religiös scheint mir hingegen unzureichend, weil sie damit – wie Folkart Wittekind zu Recht bemerkt hat – „zu Beispielen eines nur dem Religionstheoretiker einsichtigen Religionsvollzugs"[10] degradiert werden.

---

[10] Folkart Wittekind: Kirche oder Kultur? Überlegungen zu Möglichkeiten und Rahmen religiöser Interpretation moderner Kunst anhand des Films „Grüne Tomaten". In: International Journal of Practical Theology 3. 1999. S. 157-184. S. 161.

3. Der ästhetische Diskurs als medientheologische Heuristik

An diesem Punkt stellt sich natürlich die Frage nach einer adäquaten Heuristik für die Interpretation medial inszenierter Religion. Ich möchte zu diesem Zweck die Ästhetik ins Spiel bringen. Denn abgesehen davon, dass die theoretische Beschreibung medialer Artefakte in den Zuständigkeitsbereich der Ästhetik qua Kunsttheorie fällt, hat sich die Ästhetik seit ihrer Entwicklung zu einer eigenständigen Disziplin immer wieder als leistungsfähiges Instrumentarium für die Interpretation religiöser Symbolisierungen erwiesen. So haben vor allem die durch Empfindsamkeit, Romantik und Klassik geprägten Vermittlungstheologen wie J.G. Herder, F.D.E. Schleiermacher und W.M.L. De Wette die „Rehabilitation der Sinnlichkeit"[11] und das Theoretischwerden der Kunst genutzt, um die genuine Geltung religiöser Gedanken, Gefühle und Artikulationen im Unterschied zur theoretischen Welterkenntnis und zur praktischen Lebensführung zu beschreiben. Vier zentrale Themen des ästhetischen Diskurses scheinen mir sowohl für die Beschreibung religiöser wie medialer Phänomene produktiv zu sein.[12]

a) Darstellung:
Der Begriff der Darstellung antwortet auf das Problem der Darstellbarkeit eines Göttlichen oder Absoluten. Vor allem im religiösen Diskurs stellt die Frage der Darstellung bzw. Darstellbarkeit von jeher ein zentrales Thema dar. Schon die antike Religionskritik spottet bekanntlich über die Anthropomorphismen der Religionen, und auch in den Religionsstreitigkeiten der Moderne (Spinozastreit, Atheismusstreit, sowie die Auseinandersetzung um Feuerbachs Religionskritik) spielt die Frage nach der adäquaten Darstellbarkeit des Absoluten eine entscheidende Rolle. Der Transformationslogik des neuzeitlichen Christentums zufolge tritt der Darstellungsbegriff in gewisser Weise das Erbe eines supranaturalen Offenbarungsbegriffs an.[13] Darstellung,

---

[11] Panajotis Kondylis: Die Aufklärung im Rahmen des neuzeitlichen Rationalismus. Hamburg 2002. S. 19 u.ö.

[12] Ich orientiere mich dabei vor allem an Klaas Huizing: Ästhetische Theologie Bd. II. Der inszenierte Mensch. Eine Medienanthropologie. Stuttgart 2002.

[13] So bestimmt etwa Ulrich Barth den modernitätstheoretischen Gehalt des Offenbarungsbegriffs als „die intersubjektive Mitteilung ursprünglicher Darstellungen subjektiv-religiösen Erlebens" (Schleiermachers *Reden* als religionstheo-

so meinte zumindest Klopstock, sei *die beste Art von Gott zu denken*.[14] Als Ergebnis jener Umformungskrise[15] wird man deshalb den – zumindest auch – fiktionalen Charakter religiöser Symbolisierungsprozesse, also den performativen Inszenierungscharakter von Religion zu beachten haben. Die Frage nach dem Absoluten und seiner Darstellbarkeit lässt sich nicht unabhängig von den geschichtlichen Darstellungsformen der Religion beantworten.

Verbindet man diese Einsicht mit der im 19. Jahrhundert verstärkt aufkommenden soziologischen und kulturanthropologischen Theatermetapher, dann kann man mit dem Würzburger Soziologen Wolfgang Lipp nicht nur allgemein vom ‚Drama Kultur‘, sondern auch ganz speziell vom ‚Drama Religion‘ als einer symbolisch-inszenatorischen Form der Kultur sprechen. Dieser dramatologische Darstellungs- und Inszenierungscharakter von Religion wiederum verbindet sich heute in besonders aufschlussreicher Weise mit dem Thema medialer Inszenierungen. Demnach haben wir es bei medialen Inszenierungen von Religion mit Inszenierungen zweiter Ordnung zu tun, in denen religiöse Darstellungsformen (massen)medial zur Darstellung kommen. Dass und inwieweit dabei das Handeln von dramatischen Personen im Vordergrund steht, hat im Anschluss an Lipp Klaas Huizing herausgearbeitet.[16] Eine religiöse Interpretation medialer Inszenierungen findet von daher vor allem im paradigmatischen Handeln dramatischer Personen ein ergiebiges Beobachtungsfeld.

b) Legende:
Nach einer intensiven Diskussion der Begriffe Mythos, Symbol und Ritus hat neuerdings auch der Begriff der Legende wieder einen Aufschwung zur Beschreibung narrativer und textueller Prozesse von religiöser Überlieferung

---

retisches Modernisierungsprogramm. In: Ästhetische Moderne in Europa. Grundzüge und Problemzusammenhänge seit der Romantik. Hg. von Silvio Vietta/Dirk Kemper. München 1998. S. 441-474. Ebd. S. 459).

[14] Vgl. seine Essays: Von der besten Art über Gott zu denken, Von der heiligen Poesie und Von der Darstellung. In: F. G. Klopstock: Gedanken über die Natur der Poesie. Dichtungstheoretische Schriften. Hg. von Winfried Menninghaus. Frankfurt a.M. 1989.

[15] Vgl. Emanuel Hirsch: Das Wesen des Christentums. Weimar 1939. S. 131-148.

[16] Huizing, a.a.O. S. 150ff.

und Neuinterpretation erfahren.[17] Der Legendenbegriff scheint dabei in besonderer Weise geeignet zu sein, um das inhaltliche Moment, die *Story* religiöser Darstellungsprozesse zu erfassen. Zudem hat er den Vorteil, dass er den Stoff der Religion nicht als fundamentalanthropologische Archetypen oder zeitlos existenzielle Grenzsituationen, losgelöst von ihren geschichtlichen Erfahrungsbedingungen, präsentiert, sondern auf kulturell und religiös immer schon gedeutete Erfahrungen rekurriert. Relevanz gewinnt der literarische Legendenbegriff für eine Theologie der Medien demnach dort, wo sich das Handeln dramatischer Personen in medialen Inszenierungen entweder am Stoff religiöser Legenden oder an der Form religiöser Legendenstiftung orientiert. Mediale Inszenierungen von Religion können demnach u.a. daraufhin befragt werden, inwiefern sie nach dem Strukturmodell von Heiligenlegenden funktionieren, in denen Elemente überlieferter Legenden und Personen zitiert und neuinterpretiert oder sogar neue Legenden gestiftet werden.[18]

c) Sinnlichkeit:

Seit ihrer theoretischen Begründung durch A.G. Baumgarten[19] ist die Ästhetik Theorie der *sinnlichen Wahrnehmung*. In der Tradition Christian Wolffs wird diese zwar noch zu den ‚unteren Erkenntnisvermögen' gerechnet, doch das Innovationspotential von Baumgartens Einsicht drängt darüber hinaus zur Entdeckung einer genuinen Form sinnlicher Erkenntnis. Als solche findet sie ihre theoretische Vertiefung vor allem in der Psychologie, der philosophischen Anthropologie und der Ästhetik, die spätestens seit Kant eine eigene philosophische Disziplin darstellt. Parallel zum Diskurs der Sinnlichkeit wird seit dem 18. Jahrhundert das Gefühl neben dem Begehrungsvermögen und dem Verstand als drittes und eigenständiges Grundvermögen der menschlichen Seele anerkannt. Die Entwicklung eines ästhetischen Religionsbegriffs bei F.D.E. Schleiermacher und W.M.L. De Wette

---

[17]   Hans-Peter Ecker: Die Legende. Kulturanthropologische Annäherung an eine literarische Gattung. Stuttgart/Weimar 1993.

[18]   Vgl. Huizing, a.a.O. S. 149-158.

[19]   Alexander Gottlieb Baumgarten: Aesthetica. 2 Bde. Frankfurt a.O. 1750-1758 (Reprint Hildesheim 1961). Übersetzt und herausgegeben von Hans Rudolf Schweizer: Theoretische Ästhetik. Die Grundlegenden Abschnitte aus der „Aesthetica" (1750/58). lat.-dt. 2. Aufl. Hamburg 1988.

integriert beide Diskurse, wenn sie das Wesen der Religion im Gefühl und in der (sinnlichen) Anschauung verankert. Im 20. Jahrhundert wird die grundlegende Bedeutung von Sinnlichkeit und Leiblichkeit vor allem von Autoren wie H. Plessner, M. Merleau-Ponty und H. Schmitz herausgestellt. Demnach konstituiert sich die Einheit der menschlichen Wirklichkeitserschließung zuallererst durch die „Einheit der Sinne"[20] sowie durch die spezifische Synthesisfunktion des menschlichen Leibes.

Zieht man noch die These Marshall MacLuhans hinzu, wonach alle Medien als Körperausweitungen zu verstehen sind, die die Wahrnehmungsmuster des Menschen verändern und in einer Wechselwirkung auf den Körper zurückwirken, dann wird deutlich, wie bedeutend eine differenzierte Theorie der sinnlichen Wahrnehmung und Weltkonstitution für eine Theorie der audiovisuellen Medien ist. Eine Medientheologie als ästhetische Vermittlungstheologie wird deshalb mediale Inszenierungen von Religion als ein sinnlich über Bild und Ton vermitteltes und auf das menschliche Körperschema wirkendes Kommunikationsgeschehen zu verstehen haben, das den Betrachter vor allem auch sinnlich und leiblich affiziert.

d) Atmosphäre:

Welcher Eindruck aber entsteht beim Betrachter medialer Inszenierungen? Neben Bestimmtem und Abgegrenztem vor allem ein komplexer Gesamteindruck. Die Art und Weise, wie Bild und Ton, Klang und Farbe, Worte und Gesten sowie inszenierter Raum und inszenierte Zeit zusammenwirken, lässt sich nur unzureichend auf dem Wege einer additiven Zusammensetzung sinnlicher Einzeleindrücke von Sehen und Hören beschreiben. Der synästhetische Charakter multimedialer Inszenierungen verlangt vielmehr nach einem komplexen rezeptionsästhetischen Begriff, der die separierte Sinneswahrnehmung umgreift und in den Rahmen eines umfassenden Gesamt- oder Totaleindrucks stellt.

Im Anschluss an die Leibphilosophie von Hermann Schmitz hat Gernot Böhme[21] deshalb den Begriff der Atmosphäre vorgeschlagen. Demnach bilden den Gegenstand der Wahrnehmung nicht nur einzelne Empfindungen

---

20 Helmuth Plessner: Die Einheit der Sinne. Grundlinien einer Aesthesiologie des Geistes. Bonn 1923.

21 Gernot Böhme: Atmosphäre. Essays zur neuen Ästhetik. Frankfurt a.M. 1995.

oder Gestalten, sondern auch komplexe Atmosphären, die das Ergebnis der Beziehung von Umgebungsqualitäten und menschlichem Befinden sind. Dadurch wird die radikale Subjektivierung der Ästhetik seit Kant relativiert und an den Gegenstand der Wahrnehmung zurück gebunden. Auch die Gefühle von Lust und Unlust sind damit nicht mehr nur private Seelenzustände, sondern verweisen auf die ‚Eigenschaften' des ästhetischen ‚Gegenstands'.

Schließlich ist der Begriff der Atmosphäre auch geeignet, um dem eigentümlichen Wirklichkeitscharakter medialer Inszenierungen auf der Grenze zwischen Sein und Schein zu entsprechen. Deren virtueller Charakter wird vom mündigen Mediennutzer nämlich weder nach Maßgabe des Realitätsprinzips noch im Modus bloßer Fiktionalität gedeutet, sondern erschließt sich in einer Atmosphäre spielerischer Identifikation mit einem als wirklich Vorgestellten. Der Gegenstand der ästhetischen Wahrnehmung und das Subjekt dieser Wahrnehmung verschmelzen dabei gleichsam zu einem Dritten, das sich wiederum nur medial beschreiben lässt und mit dem Begriff der Atmosphäre nicht unzutreffend charakterisiert wird.

Was die religiöse Dimension medial inszenierter Atmosphären betrifft, so sei abschließend an den Begriff des Heiligen[22] erinnert. Wie der Begriff der Atmosphäre, ist auch der Begriff des Heiligen ein das religiöse Objekt und Subjekt umgreifender Erfahrungs- und Interpretationsbegriff. Vor diesem Hintergrund hätte eine religiöse Interpretation medialer Inszenierungen, die sich weder auf die Identifikation religiöser Symbole und Motive beschränkt, noch das Medium selbst zur Religion erheben will, danach zu fragen, inwiefern das Heilige zum Gegenstand sowie zum Interpretationsrahmen multimedialer Inszenierungen wird. Dabei muss der personale Aspekt nicht zugunsten einer fluidalen Erfahrung des Numinosen zurückgedrängt werden. Neben dem Heiligen spielt *der Heilige* eine zentrale Rolle in den medialen Inszenierungen der Gegenwart. Die Untersuchung moderner Heiligenlegenden in den medialen Inszenierungen von Film und Videoclip stellt deshalb ein lohnendes Forschungsfeld für eine Medientheologie als ästhetische Vermittlungstheologie dar.

---

[22] Rudolf Otto: Das Heilige. Über das Irrationale in der Idee des Göttlichen und sein Verhältnis zum Rationalen. Breslau 1917.

4. Schluss

Mit dem zuletzt genannten Stichwort des Heiligen scheint freilich ein Rückfall in den religionstheoretischen Substantialismus zu drohen, zumindest dann, wenn man das Heilige in einem sektoriellen Sinne als religiös und das Profane als unreligiös definiert. Vor diesem Hintergrund hat Friedemann Voigt[23] die Zuordnung einer auf dem Begriff des Heiligen aufbauenden Religionstheorie zum substantialen Typ mit guten Gründen infrage gestellt und eine postsubstantielle Bestimmung von Religion skizziert. Indem Voigt darauf hinweist, dass es im Bereich der Kultur, zu der die Religion als eine ihrer symbolischen Formen gezählt wird, verschiedene Formen der Evidenzerfahrung mit dazugehörigen symbolischen Sinnwelten gibt, führt er den Religionsbegriff auf die Kategorie der religiösen Erfahrung[24] zurück, die sich freilich in irgendeiner Weise mitteilen muss, um als solche praktisch kommunizierbar und theoretisch beschreibbar zu werden. Insofern Religion als immanentes Bewusstseinsphänomen oder als anonymes Gesellschaftsphänomen keinem Beobachter zugänglich wird, sondern sich erst über religiöse Artikulationsformen erschließt, muss die Qualifizierung von etwas als religiös über das Wie dieser Artikulationen laufen. Das bedingt einen historisch-phänomenologischen Rückbezug auf die konkreten Symbolwelten der positiven Religion(en). Eine in diesem Sinne postsubstantielle Religionstheorie und Medientheologie ist deshalb auch keine kritische Supertheorie über den religiösen Charakter der Medien (etwa im Gefolge der Ideologiekritik), sondern eine historisch-phänomenologische Hermeneutik religiöser Artikulationen in medialen Inszenierungen.

---

23   Friedemann Voigt: Vorüberlegungen zu einer postsubstantiellen Religionstheorie in theologischer Absicht. In: Vermittlungstheologie als Christentumstheorie. Hg. von Christian Albrecht und Friedemann Voigt. Hannover 2001. S. 173-194.
24   Vgl. Matthias Jung: Erfahrung und Religion. Grundzüge einer hermeneutisch-pragmatischen Religionsphilosophie. Freiburg/München 1999.

Horst F. Rupp

Biblische Geschichten versus mediale Mythen? Religionspädagogische Anmerkungen zur medialen Dimension religiöser Bildung.[1]

Gisela Wegener-Spöhring
zum 26. Oktober 2003
in herzlicher Verbundenheit

Vorbemerkung

Die vorangegangenen Beiträge haben in ihren thematisch sehr breit gefächerten und intensiven Reflexionen die (religions-)pädagogisch-didaktische Dimension aus der Medienthematik weitgehend ausgeklammert. Ich will es nachfolgend unternehmen, insgesamt 12 Thesen zu formulieren, die die unzweifelhaft auch gegebenen und ganz sicher nicht unwichtigen (religions-)pädagogisch-didaktischen Aspekte unseres Themas fokussieren.

These 1

Nahezu alles kann für den Menschen zum Medium werden.

Nachfolgend spreche ich von Medien der Kommunikation des Menschen, von Medien, die das Auge und/oder das Ohr ansprechen. Auge und Ohr sind aber immer erst noch oder nur zwei Sinne des Menschen, der ja bekanntlich

---

[1] Leicht überarbeitete und um die Anmerkungen ergänzte Fassung meines Tagungsbeitrages. - Grundlegend sei an dieser Stelle auf die vor kurzem erschienene Habilitationsschrift von Manfred L. Pirner: Fernsehmythen und religiöse Bildung. Grundlegung einer medienerfahrungsorientierten Religionspädagogik am Beispiel fiktionaler Fernsehunterhaltung (Beiträge zur Medienpädagogik – Band 7). Frankfurt 2001 verwiesen, der meine Ausführungen wichtige Anregungen und Einsichten verdanken.

über fünf Sinne verfügt. Dennoch aber gilt auch hier die arithmetisch richtige Aussage: zwei sind mehr als eins, auch wenn dies noch nicht alles, d.h. in
diesem Kontext noch keineswegs ganzheitlich im umfassenden Sinne ist.

Wenn nachfolgend von Medien, von neuen Medien die Rede ist, so sollen
damit in meinem Kontext insbesondere Film und Fernsehen und hier wiederum fiktionale, nicht selten auch mythisch geprägte Produktionen im
Blick sein. Wir bewegen uns hier also im Bereich der Populärkultur. Hier
werden Geschichten erzählt, populär-triviale Geschichten, die alle Register
ziehen und nahezu alle Facetten menschlicher Existenz ausleuchten. Sehr
bewusst und meist recht virtuos bedienen sich diese Produktionen der exor-
bitanten technischen Möglichkeiten dieser neuen Medien, um die fiktionale
und auch mythische Qualität zu steigern. Beinahe alle Facetten des menschlichen Lebens und Erlebens sind in diesen Produktionen zu Hause: Angst
und Hoffnung, Liebe und Hass, Krieg und Frieden, Erfolg und Scheitern,
Zukunft und Vergangenheit, Trauer und Freude, Leben und Sterben
usw.usw. Es gelingt ihnen damit, die Phantasie ihrer Rezipienten anzuspre-
chen und zu aktivieren. Sie bieten mit all dem eine Erlebnisqualität, die ganz
offensichtlich zum Hören und Sehen reizen und verführen möchte. Und
dass ihnen dies auch in gesteigertem Maße gelingt, dies ist wohl nicht zuletzt auch ein Auslöser für die hier versammelten Tagungs-Beiträge.

These 2

Wir leben in einer vorwiegend zweckrational, nüchtern und logisch ein-
und ausgerichteten Welt. Der wirtschaftliche, der politische, der Bildungs-
und nahezu alle anderen Sektoren unserer Gesellschaft und unseres Lebens
funktionieren nach – zumindest scheinbar! - rationalen und logischen Regeln. In diesem alltäglichen Logos-förmigen Leben ist für den Mythos kaum
mehr Raum. Dennoch gilt: Mythos, Phantasie, Zweckfreiheit und auch Muse
fordern ebenfalls ihren Platz in diesem menschlichen Leben ein. Die medialen Mythen des Fernsehens und des Films bedienen zweifelsohne dieses
menschliche Grundbedürfnis.

These 3

Das Christentum ist eine Erzählgemeinschaft, wie insbesondere die Vertreter der sogenannten narrativen Theologie immer wieder mit Nachdruck betont haben. Auch die Geschichten der Bibel, zumindest diejenigen des christlichen Testamentes, zählten ursprünglich zur populären und trivialen Literatur. Sie wurden von Generation zu Generation weitergegeben. Die Rezipienten dieser Geschichten fanden und finden sich, ihre Fragen und Probleme, ihre Ängste und ihre Hoffnungen, ihren gesamten Erlebniskosmos gespiegelt in diesen Geschichten. So jedenfalls sind diese Geschichten potentiell – oder wenn man so will: virtuell - an- und ausgelegt. Die meisten dieser biblischen Geschichten zeichnen sich ebenfalls durch eine fiktionale und mythische Struktur aus. Die mediale Form, in der diese Geschichten gefasst und überliefert sind, ist vorderhand durch die Schrift gekennzeichnet. Schrift aktiviert im Normalfall aber immer nur einen Kommunikationskanal, beim Lesen das Auge, beim Vorlesen das Hören. In beiden Fällen sind aber meist – zumindest überwiegend - nur die kognitiven Fähigkeiten des Menschen angesprochen. Werden die biblischen Geschichten aber in dieser gleichsam auf einen Sinn reduzierten Form konsumiert, dann wird ihre intentional religiöse Struktur verfehlt, da Religion ja per definitionem ein ganzheitliches menschliches Phänomen ist, das alle Sinne und das ganze Erfahren und Erleben ansprechen soll und will.

Die ursprüngliche Frohbotschaft des Neuen Testamentes war und ist mit Sicherheit auf den ganzen Menschen abgezirkelt, wollte und will ihn in allen seinen Dimensionen und Schichten treffen und betroffen machen. Insofern waren und sind die biblischen Geschichten potentiell ebenso mediale Mythen wie es die heutigen Film- und Fernsehstories sind. Durch die Verschriftlichung dieser Botschaft wurde jedoch sozusagen eine sinnliche Reduktion vorgenommen, die diese intendierte Ganzheitlichkeit beschränkte und beschnitt.

These 4

Den Kulminations- und Endpunkt dieses Prozesses der Ent-Sinnlichung der heiligen Texte im Bereich von christlicher Religion und Theologie bildet wohl die historisch-kritische Exegese, die mit den Mitteln des Logos die Geschichten analysiert, seziert und damit vor allen Dingen ent-mythologisiert. Rudolf Bultmanns Programm der Entmythologisierung des Neuen Testaments steht paradigmatisch für diese Art des Herangehens und des Umgangs mit den biblischen Texten. Die mythisch-mediale Textur und Struktur der Erzählungen wird damit natürlich destruiert. Nun können wir aber historisch auch gar nicht mehr hinter die Entmythologisierung zurück. Was wir können, dies ist der Versuch, Entmythologisierung nicht als End-punkt zu begreifen, sondern als eine Art Durchgangsstadium, das uns helfen kann, die Mythos-geprägten Texte noch tiefer zu verstehen. Auf die Stufe der Entmythologisierung muss dann zwingend diejenige der Re-Mythologisierung folgen, der Versuch, in einer Art zweiter Naivität – wie Paul Ricoeur dies genannt hat[2] - die Texte erneut in ihrer ursprünglichen Intention wahrzunehmen.[3]

These 5

Die katholische Kirche hat den mit dem reinen Lesen bzw. Hören bibli-scher Texte verbundenen defizitären Status der Bibel erkannt und versucht, im Ritus einen Ausgleich dafür zu schaffen. Die auf Ganzheitlichkeit ange-legte und zelebrierte Messe, die das Auge, das Ohr, aber etwa mittels des Weihrauchs auch die Nase bedient und in deren Zentrum zwingend immer die sakramentale Wandlung als ein dramatisches, das menschliche Heil zent-ral und existenziell betreffendes mediales Geschehen lokalisiert ist, weist hier ganz andere sinnliche Erfahrungsqualitäten auf als ein nüchterner, auf das verkündigende Wort ausgelegter protestantischer Gottesdienst. Das protestantische „sola scriptura" ist ja gleichsam die bewusste mediale Selbst-kastration von Religion und Theologie.

---

[2] Vgl. Paul Ricoeur: Die Interpretation. Frankfurt am Main 1974.

[3] Vgl. zu diesem Kontext insbesondere den instruktiven Beitrag von Peter Stein-acker: Das Ende der Entmythologisierung. Auf der Suche nach einem neuen Paradigma im Umgang mit den Mythen. In: Alltagswelt und Ethik. Beiträge zu einem sozialethischen Problemfeld. Für Adam Weyer zum 60. Geburtstag. He-rausgegeben von Klaus Ebert. Wuppertal 1988. S. 55-81.

These 6

Die Pädagogik unterscheidet verschiedene Sozialisationsinstanzen im Leben des Menschen. Man spricht gängigerweise von der Familie als der primären, von der Schule und der Kirche als sekundären Agenturen.[4] Nun ist in den vergangenen Jahrzehnten diese traditionelle Tektonik der Sozialisationsinstanzen kräftig durcheinander gewirbelt worden. Es sind weitere Instanzen auf den Plan getreten und alte in ihrer Bedeutung relativiert und entwertet worden. Von besonderer Wichtigkeit im Prozess des Aufwachsens ist etwa die Peer-Group geworden, die Gruppe der Gleichaltrigen, deren Positionen und Verhaltenscodices für die Heranwachsenden eine große Rolle spielen. In einem Prozess der Entwertung scheint sich die Familie zu befinden. Die traditionelle >heile< Familie mit Vater, Mutter, Kind bzw. Kindern ist gleichsam eine aussterbende Spezies, broken-home- bzw. broken-family-Situationen sind an der Tagesordnung. Dies hat natürlich auch einschneidende Auswirkungen auf die (vielleicht) früher in den Familien, speziell von den Müttern geleistete religiöse Sozialisation. Die den Kindern am Abend beim Zubettgehen biblische Geschichten erzählende Mutter ist ein weitgehend der Vergangenheit angehörendes Phänomen. Mit neuer Wertigkeit im Konzert der Sozialisationsinstanzen sind die Medien aufgetaucht.

Nun hat es solche sozialisierenden Medien im Prozess des Aufwachsens schon immer gegeben. Das Buch etwa ist ein solches Sozialisationsmedium. Man geht jedoch nicht fehl – und die neueren empirischen Untersuchungen bestätigen dies ganz ausdrücklich – wenn man davon ausgeht, dass die Bedeutung des Buches im Abnehmen begriffen ist. Die Zahl der Kinder, zu deren Hobby das Lesen von Büchern gehört, geht deutlich zurück. Wir sind derzeit sozusagen auf dem Weg in ein nachliterales Zeitalter. Dies muss noch nicht unbedingt das historische Todesurteil für das Medium Buch bedeuten.

---

[4] Zu den Sozialisationsagenturen in religionspädagogischer Perspektive vgl. die informativen Ausführungen von Hans-Jürgen Fraas: Schüler und Schülerin: Religiöse Sozialisation – Religiöse Entwicklung – Religiöse Erziehung. In: Religionspädagogisches Kompendium, hg. von Gottfried Adam und Rainer Lachmann. 5., neubearbeitete Auflage. Göttingen 1997. S. 138-162, hier insbesondere S. 158f.

Ich rate hier zu einer größeren Gelassenheit als sie manche Kulturpessimisten an den Tag legen.

Anders stellt sich derzeit aber die Situation der so genannten neuen Medien dar: Fernsehen, auch Film – der ja mit dem Aufkommen des Fernsehens auch schon einmal für tot erklärt wurde! -, Computer und Internet. Sie boomen richtiggehend. Ihr Gebrauch und Stellenwert auch in der Sozialisation der Heranwachsenden ist sprunghaft angestiegen. Aus ihnen holen sich heute die Kinder und Jugendlichen ihre Sicht der Welt, des Menschen, der Gesellschaft. Hier wird Bewusstsein konstruiert und gemacht, ein Sinn des Lebens übermittelt, Kontingenzbewältigung geboten. Diese vorderhand virtuelle Welt der neuen Medien hat jedoch ein Gefälle dahin, zur gleichsam „realen Realität" von Welt zu werden.

These 7

Nun ist dieses Phänomen von einer gewissen Ambivalenz gekennzeichnet. Natürlich ist hier zum einen zu sehen, dass die Medien Bewusstsein schaffen, dass sie die Gehirne besetzen, auch manipulieren können, unter Umständen mit einem eminenten Verlust an Spielraum und Freiheit für die Rezipienten. Dies ist jedoch nur die eine, wenn auch vermutlich in ihrer Wertigkeit nicht zu unterschätzende Seite.

Auf der anderen Seite gilt es sicherlich auch festzuhalten:

Unsere Kinder und Jugendlichen sind nicht selten wahre Experten im Umgang mit den neuen Medien. Sie konsumieren insbesondere auch die fiktionalen und mythischen Stories dieser neuen Medien, die für sie eine ungeheuere Erlebnisqualität haben, die sie in dieser Form offensichtlich anderweitig nicht finden können und geboten bekommen. Kinder – aber nicht nur sie – brauchen Geschichten, Mythen[5], die sie aus der prosaischen Realität des Wirklichen, der zweckrational organisierten Welt und Gesellschaft herausholen, sie entführen in die Welt der Potentialität, der Virtualität, der Utopie im echten Sinne des Wortes, die keinen oder vielleicht auch

---

[5] Vgl. hierzu neuerdings etwa den Beitrag von Hartmut Rupp: Kinder brauchen Mythen. In: Theologisieren mit Kindern. Hg. von Gerhard Büttner/Hartmut Rupp. Stuttgart/Berlin/Köln 2002. S. 79-93.

noch keinen Ort hat. Und vieles spricht dafür, dass diese Prozesse nicht nur einseitig als Zugriff der Medien auf die Individuen zu sehen sind, sondern dass die Individuen sich auch ganz aktiv und produktiv mit den Erzeugnissen dieser Medien auseinander setzen können, dass sie sich in der Rezeption der medialen Produkte eigenständig ihr je eigenes Weltbild konstruieren.

These 8

Die neuere Religionspädagogik als Wissenschaft vertritt als eines ihrer zentralen Postulate die von ihr so genannte Wendung zur Lebenswelt.[6] Man könnte auch von einem induktiven – im Gegensatz eben zu einem deduktiven – Vorgehen sprechen. Dies bedeutet nichts anderes als dass es Aufgabe der religionspädagogischen Wissenschaft ist oder sein soll, sich zu verdeutlichen, in welcher konkret feststellbaren lebensweltlichen Situation sich die Rezipienten ihrer Botschaft befinden und diese phänomenologisch feststellbare Situation in ihre Vermittlungsüberlegungen einzubeziehen. Schon bei Schleiermacher findet sich die griffige Formel, dass die Kinder und Jugendlichen dort abzuholen sind, wo sie sich befinden.[7] Diese Forderung gilt natürlich ganz uneingeschränkt auch im Blick auf die mediale Situation der Kinder und Jugendlichen. Ihre mediale Welt ist ernst zu nehmen und in den religionspädagogischen Vermittlungs- und Bildungsbemühungen mit zu verrechnen. Diese Vorgaben gehören ganz sicher zu den der Religionspädagogik aufgegebenen unabdingbaren Aufgaben.

---

[6] Vgl. zum gesamten Kontext den Band: Religionspädagogik und Phänomenologie. Von der empirischen Wendung zur Lebenswelt (Forum zur Pädagogik und Didaktik der Religion. Band 15). Hg. von Hans-Günter Heimbrock. Weinheim 1998.

[7] Zu Schleiermachers religionspädagogischen Ansätzen vgl. Horst F. Rupp: Religion – Bildung – Schule. Studien zur Geschichte und Theorie einer komplexen Beziehung (Forum zur Pädagogik und Didaktik der Religion. Band 7). Weinheim 1994, ²1996. S. 98ff.

These 9

Nun wurden in jüngerer Zeit die neuen Medien verschiedentlich als Phänomene gelesen und interpretiert, die in nicht wenigen Punkten religiöse Züge aufweisen. Auf diesem Hintergrund sprechen manche dann etwa von einer Fernsehreligion. Und ich denke, es spricht manches für diese These. Der Religionswissenschaftler Ninian Smart[8] sieht beispielsweise das Phänomen Religion durch die folgenden Merkmale konstituiert. Zur Religion gehört

- die Existenz ritueller Vollzüge
- das Vorhandensein einer narrativ-mythischen Dimension
- die mögliche Verdichtung in einer Doktrin
- die ethische Orientierung für die Partizipanten
- die Einbettung in eine soziale Gemeinschaft
- das Angebot von außeralltäglicher, alltagstranszendierender Erfahrung.

Nach Smart müssen nicht immer alle genannten Determinanten vorliegen, um ein Phänomen als Religion zu qualifizieren. Es lassen sich aber unschwer in Bezug auf das Medium Fernsehen verschiedene dieser Determinanten belegen. Natürlich ist der Fernsehkonsum in unserer Gesellschaft hochgradig ritualisiert, natürlich werden – wie oben schon erwähnt – mythisch geprägte Geschichten inszeniert, natürlich bietet das Medium Fernsehen für seine Konsumenten handfeste ethische Orientierung, die im besseren Fall zur Auseinandersetzung, im weniger guten Fall zur reinen Imitation auffordert. Und natürlich wird durch die Sendungen die Gemeinschaft – man ist versucht zu sagen: die Gemeinde! – der Zuschauer konstituiert, die erwartet, mittels des Programmes aus dem nüchternen Alltag in eine extra-

---

8   Vgl. etwa Ninian Smart: Worldviews. Crosscultural Explorations of Human Beliefs. New York 1983 und ders.: The Philosophy of Worldviews – that is, the Philosophy of Religion Transformed. In: Neue Zeitschrift für Systematische Theologie und Religionsphilosophie 23 (1981). S. 212-224. Zu diesem Kontext vgl. auch Günter Thomas: Die Wiederverzauberung der Welt? Zu den religiösen Funktionen des Fernsehens. In: Die Zukunft des Fernsehens. Beiträge zur Ethik der Fernsehkultur. Hg. von Peter Bubmann und Petra Müller. Stuttgart/Berlin/Köln 1996. S. 113-139.

ordinäre, eine heile – vielleicht sogar in eine heilige(?) – Welt entführt zu
werden.

Ist es also auf diesem Hintergrund gerechtfertigt, das Fernsehen als eine
Religion im echten Sinne des Wortes zu bezeichnen? Ich würde hier trotz
aller Indizien zur Vorsicht gemahnen, nicht von einer Religion des Fernsehens sprechen, sondern eher vom Fernsehen als einem religionsähnlichen
Phänomen. Der Terminus Religion ist ganz schlicht und einfach durch die
historisch gewachsenen, die so genannten positiven Religionen besetzt und
lässt sich wohl nicht so ohne weiteres auf ein neuartiges Phänomen wie das
Medium Fernsehen transponieren, das ohne historische Parallelen ist.

These 10

Die bei den neuen Medien aufgesuchte Erlebnis- und Erfahrungsqualität
besitzen für die Kinder und Jugendlichen offensichtlich auch nicht die biblischen Geschichten. Diese werden nicht mehr als mediale Mythen gelesen
und konsumiert, sondern nicht selten nur als verstaubte und entrückte heilige Texte, die im Besitz bzw. gar der Verwaltung einer in ihrer Sicht vielleicht ebenso verstaubten Institution, d.h. der Kirche bzw. der Kirchen stehen. Und insofern ist die Rede vom „postchristlichen Zeitalter", in dem wir
uns befinden, sicherlich nicht gänzlich deplatziert.[9] Es besteht vermutlich
die Gefahr, dass die Tradierung biblischer Geschichten durch die christliche
Erzählgemeinschaft gleichsam nur noch in einer kognitiven Minderheit unserer Gesellschaft beheimatet ist.

These 11

Was ist aus der Sicht der Religionspädagogik zu tun? Ich denke, das Le-
benswelt-Postulat ist sehr ernst zu nehmen. Die Religionspädagogik kann
und darf nicht ignorieren, welchen Stellenwert die neuen Medien im Leben
der Kinder und Jugendlichen einnehmen, sondern muss sich mit diesem

---

[9]   Vgl. hierzu etwa Werner H. Ritter: Religion in nachchristlicher Zeit. Eine ele-
       mentare Untersuchung zum Ansatz der neueren Religionspädagogik im Religi-
       onsbegriff. Kritik und Konstruktion. Frankfurt am Main/Berlin 1982.

Phänomen offensiv auseinander setzen. Oben wurde auf die Gemeinsamkeiten zwischen biblischen Geschichten und den Mythen der Medien hingewiesen. Beide wollen die Vorstellungskraft, die Phantasie des Menschen ansprechen und aktivieren, beide bieten fiktionale Stoffe und Bearbeitungen existenziell wichtiger menschlicher Themen. Dies ist die eine Seite, die die beiden Welten miteinander verbindet. Es darf jedoch meines Erachtens auch nicht übersehen werden, worin die Differenz zwischen beiden Welten besteht, eine Differenz, die nicht vorschnell zugeschüttet bzw. ignoriert werden kann und darf. In den meisten dieser medialen Produkte spielt die authentische Arbeitshypothese Gott keine Rolle. Dies ist aber ganz sicher für die biblischen Geschichten die zentrale Perspektive, sozusagen das Zeichen vor der Klammer, das aber den gesamten Inhalt der Klammer fundamental prägt. Diese Arbeitshypothese Gott, noch zugespitzter natürlich die christliche Gottesvorstellung ist für die Theologie und die Religionspädagogik jedoch die conditio sine qua non, die elementare und fundamentale Voraussetzung und Bedingung all ihres Denkens und Tuns. Und von dieser elementaren Voraussetzung her sind die medialen Mythen auch kritisch-hinterfragend und kontrastiv in den Blick zu nehmen, wobei man sich natürlich über den Erfolg einer derartigen kritischen Konfrontation auch keinen Illusionen hingeben darf. Denn ganz sicher ist die Prägekraft, die Macht der Medien im Leben unserer Kinder und Jugendlichen von einer ganz anderen Durchschlagskraft als all das, was etwa der Religionsunterricht als im Normalfall ja nur zweistündiges Fach im schulischen Fächertableau aufbieten und leisten kann. Dennoch aber muss sich auch der Religionsunterricht dieser Herausforderung stellen. Und er kann ja dabei auch ein ganzes Stück weit sozusagen von der Vorarbeit der medialen Mythen profitieren. Er kann und muss anerkennen, dass in den medialen Mythen die menschlichen Fragen und Probleme, die Hoffnungen und Sehnsüchte, die Ängste und Erwartungen, all das, was oben schon benannt worden ist, ernst genommen und thematisiert wird. Das Spektrum menschlicher Lebensäußerungen ist in den medialen Mythen in einer recht breiten Weise präsent. An diese Erlebnis- und Erfahrungswelt der medialen Mythen kann, ja muss angeknüpft werden. Aber so wenig es darum gehen kann, den Schülern ihre Medienerfahrungen mies zu machen, so wenig kann es in Schule und Unterricht, auch Religionsunterricht darum gehen, diese Welt einfach nur zu bestätigen und damit zu doppeln, sondern es geht auch darum, ihr ein gegebenenfalls Anderes zu konfrontieren, sie mit der Sichtweise und den Möglichkeiten eines christlichen Welt-, Menschen- und Gottesbildes zu konfrontieren. Und damit auch um die Vermittlung einer überschießenden Differenzerfahrung, die so wohl in den wenigsten Produktionen der Medien enthalten ist.

These 12

Wie ist dies didaktisch-methodisch zu schaffen?

Die schulische Religionsdidaktik hat hier – selbstverständlich auch in Rezeption allgmeindidaktisch-schulpädagogischer bzw. medienpädagogischer Verfahren – natürlich ein differenziertes Repertoire an didaktisch-methodischen Möglichkeiten, die es im Unterricht zu nutzen gilt und die in exemplarischer Weise nachfolgend vorgestellt werden sollen.[10]

Traditionellerweise ist hier an erster Stelle die Methode der Medienanalyse und die Medienkritik zu nennen, die mit kognitiven Mitteln die medialen Produkte auf die in ihnen zur Anwendung kommenden Techniken, Wirklichkeitsbilder und Weltsichten hin untersucht.

Eine zweite Methode versucht sich an der Aufarbeitung medialer Erfahrungen und Erlebnisse mittels assoziativ-imaginativer, auch handlungsorientierter Methoden, etwa durch Malen, Tanzen oder Spielen.

Als dritter Ansatz wäre hier der eigenständige Einsatz von Medien anzuführen. In ebenfalls handlungsorientierter Weise setzen die Schüler und Schülerinnen ihre Weltsicht, ihre Erlebnisse und Erfahrungen medial um, d.h. sie produzieren eigenständig Photographien, Filme, Videos oder auch Hörszenen. Hier wird und kann dann Welt neu- und uminszeniert werden.

Ein vierter in der Disziplin verhandelter Ansatz ist der Versuch, die von den Schülern und Schülerinnen gemachten Medienerfahrungen mit den in der christlichen Erzähltradition enthaltenen Motiven und Figuren in produktiver und kreativer Weise in Beziehung zu setzen, also etwa Figuren oder Motive aus dem einen Bereich in den anderen zu transponieren und so sich

---

[10] Vgl. hierzu auch Heinz Schmidt: Transparenz für das Reich Gottes. Religionspädagogische Erwägungen zu einer Ethik der Fernsehkultur. In: Die Zukunft des Fernsehens. Herausgegeben von Peter Bubmann und Petra Müller. Stuttgart/Berlin/Köln 1996. S. 140-155.

gegenseitig hinterfragen und ins Gespräch bringen zu lassen.[11] Ein derartiger Verfremdungseffekt nimmt ganz sicher die Medienerfahrungen der Kinder und Jugendlichen in positiver Weise auf.

Ich will hier mit den didaktisch-methodischen Ansätzen und Vorschlägen schließen. Es ist vermutlich im Prinzip deutlich geworden, mit welchen methodischen Möglichkeiten auch in der Schule die die Lebenswelt der Schüler und Schülerinnen grundlegend prägenden Medienerfahrungen positiv aufgenommen und in unterrichtliches, auch religionsunterrichtliches Handeln umgesetzt werden können.

Conditio sine qua non derartiger pädagogisch-didaktischer Strategien ist aber natürlich eine entsprechende Medienkompetenz auch auf Seiten der Lehrkräfte. Und dies wiederum hat zur zwingenden Voraussetzung eine Integration der Medienpädagogik in die Lehrerbildung. Das wäre jedoch ein eigenes Thema, das hier nur als Desiderat genannt werden kann.

---

[11] Vgl. hierzu insbesondere das abschließende Kapitel in Manfred L. Pirners Studie: Fernsehmythen und religiöse Bildung. S. 307ff. (siehe Anmerkung 1).

Rafael Capurro

Ansätze zur Begründung einer Netzethik[1]

Einführung

Der Mensch ist, so Heidegger, "weltbildend". Genauer: Weltbildend ist "das *Da-sein im* Menschen"[2]. Das "Dasein im Menschen" ist jene *Unbestimmtheit* oder Weltoffenheit, die *uns* ermöglicht, alles, was ist, auf das Sein hin zu entwerfen und diese Weltentwürfe zu verändern. Die Spannung zwischen Offenheit und Bestimmtheit bildet den Ausgangspunkt für die Ethik, sofern damit ein Vorgreifen auf Handlungsgründe mit ausdrücklicher Rücksichtnahme auf die anderen Handelnden gemeint ist.

Wir sind nicht nur in *einer* Welt, *mit uns geschieht Welt.* Als diejenigen, die der Weltoffenheit ausgesetzt sind, sind wir ursprünglich die Orientierungsuchenden. Wären wir es nicht, würden wir keine Welt bilden, um dadurch *bestimmte* Verbindlichkeiten unseres Daseins auf unterschiedliche Weise zu (be-)gründen. Wir tun das, indem wir uns mit Rücksicht auf vorgegebene Möglichkeiten richten und dabei das (natürlich) Seiende auf seine Strukturen und Prozesse hin entdecken, auslegen und auf der Grundlage eines "*freien Sich-entgegenhaltens*"[3] uns von ihm binden lassen. Ferner, indem wir Vereinbarungen treffen, die dem Miteinandersein eine konkrete *bestimmte verbindliche und uns so (ver-)bindende* Gestalt, eine Moral oder ein *Ethos* also, geben.

Was sich als Ethos oder in Form des positiven Rechts niederschlägt, ist *deshalb* nicht unveränderbar, aber auch nicht beliebig, denn es hat seine

---

[1] Eine längere Fassung dieses Beitrags erschien unter dem Titel: Operari sequitur esse. Zur existenzial-ontologischen Begründung der Netzethik. In: Netzethik. Grundlegungsfragen der Internetik. Hg. von Th. Hausmanninger, R. Capurro. München 2002. S. 61-77.

[2] Martin Heidegger: Die Grundbegriffe der Metaphysik (GA 29/30). Frankfurt a.M. 1983. S. 414.

[3] Martin Heidegger: Die Grundbegriffe. a.a.O.

Wurzeln in vorausgehenden Entwürfen. Wir können daraus schließen, dass es eine Spannung zwischen Ethik, Moral und Recht gibt. Den Vorrang der Moral gegenüber Ethik und Recht nennen wir Fundamentalismus. Den Vorrang des Rechts gegenüber Ethik und Moral nennen wir Legalismus. Den Vorrang der Ethik gegenüber Moral und Recht nennen wir Rigorismus. Es macht das Eigentümliche unseres Handelns aus, dass wir zwar diese *Sphären* jeweils überschreiten können, ohne aber dadurch aufzuhören, uns im Kreise zu bewegen.

Ein *existenzieller Konstruktivismus* behauptet, dass *wir* es zwar immer sind, die eine Welt bilden, ohne aber zu meinen, dass dies ein zureichender Grund für das *Sich*öffnen des Möglichen oder der Weltoffenheit selbst ist. So wie Kant und Heidegger den kritischen Blick auf die Metaphysik jeweils in eine besondere Richtung *gedreht* haben - und es lässt sich leicht feststellen, dass es vielen Zeitgenossen und auch nicht wenigen späteren Kritikern dabei schwindlig wurde, so dass sie verständlicherweise manchmal auch an Schwindeln dachten -, haben wir die Aufgabe vor uns, eine Drehbewegung auf jenes technische Weltverhältnis zu vollziehen, das sich heute anschickt, die Welt *digital und netzwerkartig* zu entwerfen.

Wo ist der Ort der heutigen Reflexion über die Grenzen des digitalen Weltentwurfs im allgemeinen und der Weltvernetzung im besonderen? Wo und wer sind wir, wenn wir *über* das Internet sprechen? Wie läßt sich eine Informationsethik oder *Netzethik* begründen?

Die Antwort auf diese Fragen setzt voraus, dass wir uns zunächst auf das Phänomen des *digitalen Weltentwurfs* einlassen, sofern nämlich dieser Entwurf unser heutiges In-der-Welt-sein prägt. In einem zweiten Schritt sollen die Konsequenzen in Bezug auf die Begründung einer Informationsethik gezogen werden. Eine These dieses Beitrags lautet, dass eine solche Begründung in einer im digitalen Medium sich selbst reflektierenden *Hermeneutik* zu finden ist. Das bedeutet aber zugleich, so die zweite These, dass eine Netzethik sich nicht paradoxerweise mit den Grenzen des digitalen Weltentwurfs deckt oder *nur* auf diesen Entwurf zurückgreifen kann. Dies setzt voraus, dass der digitale Weltentwurf in seiner spezifischen Begrenztheit erfasst wird. Damit ist lediglich der Rahmen für eine dergestalt fundierte informationsethische Reflexion gegeben, nicht aber diese selbst in Auseinandersetzung mit vergangenen Informationsmoralen sowie eine Erörterung

der anstehenden Herausforderungen durch die digitale Globalisierung aus-
gearbeitet.

1. Umriss des digitalen Weltentwurfs

Wir leben in einer global *digitalisiert-vernetzten* Welt. Die Rede von der
Globalisierung ist inzwischen selbst global und trivial geworden. Sie ist nicht
nur der Ort, an dem sich alle treffen, die gern darüber sprechen und schreiben, sondern auch jene Kreuzung selbst, an der sich drei Wege ('*tri-viae*')
kreuzen, um in Form einer einzigen Sendung oder eines ganzheitlichen Er-
eignisses zu emergieren, nämlich abendländische Metaphysik, moderne
Wissenschaft und digitale Technik. Dass wir global oder *sphärisch* denken,
zeigt Peter Sloterdijk in seinem *opus magnum*[4], wobei eine Pointe dieses
Ansatzes darin besteht zu zeigen, dass Sphären immer wieder platzen und
sich immer wieder neu bilden.

Drei große sphärologische Projekte prägen maßgeblich unsere Geschichte. Da ist zum einen die Globalisierung der Vernunft in der griechischen Philosophie. Wir nennen dieses Projekt die *metaphysische* Globalisierung. Es ist jene Globalisierung, die über die Natur hinausgeht, indem sie sie
geistig umfängt und im Reich des Göttlichen aufhebt. Sie fasst, von Aristoteles bis Hegel, das Göttliche selbst sphärisch oder selbstbezüglich, als das
sich selbst denkende Denken auf. Diese Sphäre platzt mit dem Aufkommen
der modernen Wissenschaft, indem diese den noetischen Ansprüchen des
sich widerspiegelnden Denkens die freche Widerlegung durch den Einzelfall
entgegenzustellen wagt. In diesem ungleichen Kampf siegt der mit der kleinen Kugel ausgestattete David. Von diesem Platzen profitiert im 20. Jahrhundert jene Form des kritischen Rationalismus, die zwar ständig auf die
Falsifizierbarkeit eines All-Satzes pocht, zugleich aber die regulative Idee
einer Annäherung an die nie erreichbare Wahrheit behält.

Die zweite Globalisierung ist die *terrestrische*. Sie findet ihren Ausgang
im Europa des 15. Jahrhunderts und erstreckt sich bis zur Mitte des 20. Jahrhunderts. Die Vorstellung eines runden Planeten Erde sowie die Versuche
die Weltmeere zu durchkreuzen, besser, zu umrunden, sind zwar älter, aber
für das selbstbewusste und mit imperialen Ambitionen sich wähnende sphä-

---

[4]   Peter Sloterdijk: Sphären I-II. Frankfurt a.M. 1998, 1999.

rologische und sphärokratische Subjekt zahlt es sich aus, zumindest vorläufig.

Die dritte Globalisierung schließlich ist die *digitale*. Sie hat ihre Vorläufer im Spätmittelalter (Raimundus Lull, Nikolaus von Kues) und in der frühen Neuzeit (Pascal, Leibniz), bis sie schließlich im 20. Jahrhundert in Form eines globalen und digitalen Netzes jene raumzeitlichen Grenzen aufhebt, welche die terrestrische Sphäre kennzeichneten.

Dass Sphären platzen, bedeutet nicht, dass wir aufhören sollten oder könnten, ganzheitlich zu denken, sondern dass jede Form von Globalisierung nicht ein Problem, sondern etwas *Problematisches* darstellt. "Problematische Begriffe" sind, so Kant, diejenigen "vom Objekt, welches einer Idee korrespondiert", wovon wir "keine Kenntnis" haben können.[5] Für die sich daraus ergebenden Fragen gibt es für Kant wohl keine Lösung, sondern eine "Auflösung": Globale Begriffe sind regulative Ideen. Die Trennung zwischen dem Empirischen und dem Transzendentalen ist die Art und Weise, wie Kant eine *scheinbare* empirische Totalität platzen lässt, indem er den Sprung vom empirischen zum reinen Gebrauch der Vernunft zeigt.

Den Grund für unser Misstrauen gegenüber dem globalen Denken und Handeln finden wir aber nicht nur erkenntnistheoretisch, sondern existentiell in unserem In-der-Welt-sein im Sinne einer *gebrochenen* Globalisierung. Heideggers Formel für die durch die Daseinsanalytik zum Platzen gebrachte metaphysische Globalisierung lautet "das Seiende im Ganzen". Die Daseinsanalytik bedeutet, mit anderen Worten, die *Falsifizierung* jener metaphysischen These, die besagt, dass alle Seienden sich in ihrem Sein am Maßstab der Anwesenheit zu messen haben, wobei das höchste (göttliche) Seiende das ständig Seiende ('*aei on*', '*nunc stans*') ist. Die Grenze unserer existentiellen raumzeitlichen Totalität oder das, wodurch unser In-der-Welt-sein *ständig* platzt, ist unser "Vorlaufen zum Tode", ob wir dies *eigentlich* wahrhaben wollen oder nicht. Die Wahrnehmung dieses Unterschiedes, nämlich des Unterschiedes zwischen der Vorstellung einer metaphysischen Totalität und der Offenheit des Daseins ermöglicht eine andere Sicht auf die existentiellen Möglichkeiten und auf die sie ermöglichenden Weltentwürfe selbst.

---

5   Immanuel Kant: Kritik der reinen Vernunft. Frankfurt a.M. 1974. S. 339.

Diese Sicht ist die Basis einer Ethik, deren Kernpunkt also die Offenlegung jener Risse ist, wodurch wir auf die Sorge, die aus dem Unbestimmten stammt, zurückgeworfen werden. Es lässt sich sagen, dass das, was die Sphären zum Platzen bringt, nicht mehr und nicht weniger als die Entschlossenheit zum Handeln ist. Das bedeutet, dass Sphären nicht nur, wie Sloterdijk hervorhebt, Raumhorizonte sind, sondern dass sie uns im Bann der Jetzt-Zeit umringen, und dass erst im "Augenblick" (Kierkegaard), in dem "der Blick des Daseins in den drei Richtungen der Sicht" sich (uns) *entschließt* und dabei die Weltoffenheit neu erschließt, dieser Bann gebrochen wird.[6]

Der Mensch ist ein "Wesen der Ferne"[7]. Das bedeutet, dass wir zwar *in* Ganzheiten leben, indem wir entfernen, zugleich aber entwerfen wir uns immer *über* Grenzen hinaus. Dieses *In-Über-Verhältnis* (Przywara)[8] verstehen wir in diesem Zusammenhang nicht im Hinblick auf eine transzendente Sphäre im Sinne einer absoluten *persönlichen* Transzendenz. Es ließe sich sagen, dass eine solche Transzendenz gerade dasjenige wäre, das letztlich das Platzen aller immanenten Sphären möglich macht. Ob eine solche Aussage aber letztlich ebenfalls ein sphärologisches Projekt ist, *sofern* es uns nämlich in einem Letzten versichert und dabei die Sorge abnimmt, die aus dem Überschreiten selbst entspringt, bleibe dahingestellt. Demgegenüber gilt: Wir sind die Orientierung*suchenden*. Wären wir es nicht, wäre die *offen bleibende Frage* nach Orientierung sinnlos. Wir trennen methodologisch die Frage nach einer philosophischen von der nach einer theologischen Ethik. Ein zugleich philosophischer und religiöser Ansatz, der durch den Bezug auf den ganz Anderen oder den Unendlichen das Denken in Totalitäten durchbricht, stellt das Werk von Emmanuel Lévinas dar[9].

Wodurch zeichnet sich der heutige digitale Weltentwurf aus?[10] *Erstens* dadurch, dass er einen entscheidenden Ursprung in der abendländischen

---

[6] Martin Heidegger: Die Grundbegriffe. A.a.O. S. 226.

[7] Martin Heidegger: Vom Wesen des Grundes. Frankfurt a.M. S. 54.

[8] Erich Przywara: Analogia Entis. Einsiedeln 1962.

[9] Emmanuel Lévinas: Totalität und Unendlichkeit. Freiburg/München 1987. Vgl. ders.: Sprengsätze. Hinweise zu E. Lévinas' "Totalität und Unendlichkeit". In: prima philosophia 4. 2. Auflage. 1991, S. 129-148. Auch in: http://www.capurro.de/levinas.htm.

[10] Zum Folgenden vgl. ders.: Beiträge zu einer digitalen Ontologie. In: http://www.capurro.de/digont.htm.

Metaphysik hat. Es ist hier nicht der Ort, diesem Ursprung im Einzelnen nachzugehen. Nur soviel: Die griechische Metaphysik in ihrer klassischen platonischen und aristotelischen Ausformung zeichnet sich wesentlich durch den Vorgang des Trennens ('*chorízein*') aus. Die Genese von Mathematik und Geometrie zeigt die *Herauslösung* oder *Abstraktion* von Zahlen und Punkten aus dem Zusammenhang mit dem natürlich Seienden ('*physis*').

Während aber für Aristoteles dieser Vorgang sich im Falle geometrischer aus Punkten bestehender Figuren in der Wahrnehmung ('*aisthesis*') und im Falle der Zahlen im '*logos*' und im '*nous*' abspielt, zeichnet sich der heutige digitale Weltentwurf, *zweitens*, dadurch aus, dass Zahlen und Punkte *technologisch* und zwar im elektromagnetischen Medium *eingeprägt* werden, was sich ideengeschichtlich als *Information* auffassen lässt. Das elektromagnetische Medium ist jener platonischen Prägemasse ('*chora*'), die "Amme des Werdens", vergleichbar, die die Formen der Dinge aufgrund der demiurgischen Tätigkeit, so Platon im "Timaios" (52b), annimmt.

Wenn, wie Heidegger meint, der gewöhnliche Sinn von Sein *Anwesenheit* ist, und wenn dieser Seinssinn die abendländische Metaphysik prägt, dann ist der digitale Weltentwurf ein höchst metaphysischer Entwurf, denn alles, was ist, wird hier in Form einer *ständigen* digitalen Verfügbarkeit vorgestellt. Der ontologische Name für diese Verfügbarkeit ist Virtualität.

Mehr noch, der digitale Weltentwurf hält nicht nur das Seiende in Form beständiger digitaler Anwesenheit, sondern die Welt selbst im Sinne der Totalität dessen, was in ihrem Sein erfasst werden kann, wird auf ihre Digitalisierbarkeit hin entworfen. Die in Anlehnung an Berkeleys *dictum* "Their *esse* is *percipi*"[11] gebildete Aussage "*esse est computari*" bedeutet weder eine *Stellungnahme* zugunsten des digitalen Weltentwurfs, noch soll damit ausgesagt werden, dass zum Beispiel die Seienden in ihrer Materialität keinen Bestand mehr haben oder dass der digitale Weltentwurf so etwas wie die digitale Version des philosophischen Idealismus wäre. "*Esse est computari*" ist, mit anderen Worten, keine Aussage, die sich auf eine bestimmte Art von Seienden, nämlich die Digital-Seienden, bezieht. Es wird damit auch nicht behauptet, dass alle Seienden digital sind, im Sinne also einer digitalen Metaphysik. Und es ist, schließlich, auch keine bloße erkenntnis*theoretische*

---

[11]   George Berkeley: The Principles of Human Knowledge. In: Ders.: Philosophical Writings. New York/London 1967. S. 62.

Aussage, sondern sie betrifft die Art und Weise, wie wir uns in der Welt zu uns selbst und zu den Dingen verhalten. Es handelt sich also um einen Weltentwurf im Sinne der Bestimmung eines Weltverhältnisses.

Meine These lautet, dass seit dem Aufkommen des Computers, aber vorbereitet durch vielfältige Entwicklungen - ich nenne als Beispiel Leibniz' *mathesis universalis* -, unser Seins- und Weltverständnis *umgeschlagen* ist, dass also ein neuer Weltentwurf entstanden ist. Dieser Umschlag ist dem vom idealistischen zum materialistischen Seinsverständnis im 19. Jahrhundert vergleichbar. Das bedeutet nicht unbedingt, dass alle Menschen oder eine bestimmte Gruppe, etwa alle Naturwissenschaftler oder alle Informatiker, sich mit diesem Weltentwurf identifizieren. Es ist vielmehr so, dass ein neues Weltverständnis sich zunächst kaum bemerkbar macht und erst allmählich sich bis hin zu einem *banalen,* nicht mehr hinterfragten generalisierten Vorverständnis entwickeln *kann.* "Die stillsten Worte sind es, welche den Sturm bringen. Gedanken, die mit Taubenfüßen kommen, lenken die Welt", heißt es in Nietzsches *Zarathustra*[12].

Ich behaupte aber, dass der digitale Weltentwurf nicht nur ein neues Seinsverständnis darstellt, sondern dass es sich in einer relativ kurzen Zeitspanne zu einem generalisierten *Vorverständnis* entwickelt hat. Das mag einen Grund im Einfluss von Naturwissenschaft und Technik auf die Gesellschaft haben sowie in der digitalen Globalisierung selbst, die zugleich Gegenstand und Medium dieses Seinsverständnisses ist. Wenn wir heute etwas *verstehen* wollen, dann meinen wir in den unterschiedlichsten Wissenschaften, aber auch in einer diffusen Weise im Alltag, dass wir das entsprechende Phänomen *digital erfassen* müssen. Damit meinen wir nicht nur, wie im modernen mathematischen Entwurf der Natur, die Mathematisierung der Phänomene, sondern *ihre entsprechende technische Kodierung auf der Basis von Punkt und Zahl im elektromagnetischen Medium.* Das heißt dann nicht, dass alle Phänomene *digital sind*, sondern dass wir sie *als* digitalisierbar auslegen. Das bedeutet: Was nicht digitalisierbar ist, fällt durch die Maschen dieses *Rasters* durch.

Dass es sich dabei um ein *mögliches* Verhältnis des Menschen zur Welt handelt, wird aber nicht von diesem sowenig wie von einem anderen Welt-

---

[12] Friedrich Nietzsche: Also sprach Zarathustra. In: Ders.: Werke II. Hg. von K. Schlechta. Frankfurt a.M. 1976. S. 675.

entwurf thematisiert. Für einen Materialisten des 19. Jahrhunderts - und für frühere und spätere Materialisten vielleicht auch! - stand außer Frage, dass alles, was ist, Materie ist. Dafür hatten und haben sie gute Gründe, nämlich dass die Phänomene auf ein bestimmtes Vorverständnis - von den Atomen des Demokrit bis zur Quantentheorie - in einer entsprechenden Form *antworten*. Wir können aber Weltentwürfe *als* solche erkennen, weil wir nicht nur Seiendem, sondern der Weltoffenheit und ihrer Unbestimmtheit ausgesetzt sind.

Die Frage, die sich dann stellt, ist nämlich: Wie hängen die verschiedenen Weltentwürfe zusammen? Und ferner: Was gibt Anlass zu solchen Umschlägen? Dazu nur soviel: Da die Phänomene offensichtlich unterschiedlich antworten, wäre es, *erstens*, töricht von unserer Seite *die* Wahrheit *eines* Weltentwurfs zu postulieren. Und *zweitens*, es wäre kaum plausibel, einen wie auch immer gearteten Fortschritt zu konstruieren, sofern wir nämlich Weltbildner, aber keine Weltschöpfer sind. Das bedeutet nicht, dass wir uns nicht um Kohärenz innerhalb eines *Paradigmas*, wie wir wissenschaftliche Weltentwürfe seit Thomas Kuhn nennen,[13] bemühen, oder dass wir nicht *Übergänge* zwischen den Paradigmen suchen sollten. Das Gesagte ist, mit anderen Worten, kein Plädoyer für Beliebigkeit, sondern lediglich für Nüchternheit. Diese stellt sich aber erst dann ein, wenn wir Weltentwürfe *als solche* betrachten, das heißt, wenn wir die Weltoffenheit nicht nur theoretisch, sondern vor allem praktisch zum Vorschein kommen lassen und dabei den sphärologischen Schein durchschauen und *durchqueren*. Weltentwürfe stellen nicht nur eine theoretische, sondern eine praktische Herausforderung dar. Sie entspringen nämlich aus der Sorge, uns in der Welt zu orientieren. Ich meine, dass *das Zum-Platzen-bringen der digitalen Sphäre* zur Kernaufgabe einer Netzethik gehört.

2. Zur existenzial-ontologischen Begründung der Netzethik

Wir verstehen, was ein Weltentwurf ist, wenn wir das Seiende, das wir selbst sind, in seinem spezifischen Wie, als Weltbildner also, auslegen, so

---

[13] Thomas S. Kuhn: The Structure of Scientific Revolutions. Univ. of Chicago Press, 2. Auflage. 1970.

dass die *ethische Differenz* sichtbar wird. Mit *ethisch* ist hier die dem Menschen *eigene* Weise, in der Welt zu sein, gemeint. Wie kommt die ethische Differenz im digital-vernetzten Handeln so zum Vorschein, dass der sphärologische Charakter dieses Weltentwurfs gesprengt wird?

Eine erste Antwort auf diese Frage ergibt sich aus der umrisshaften Freilegung dieses Entwurfs. Es wurde dabei sichtbar, dass Punkt und Zahl vom natürlich Seienden herausgelöst und im elektromagnetischen Medium eingeprägt werden. Dadurch gerät das natürlich Seiende *als solches* aus dem Blick und wird nur aus der Perspektive seiner Digitalisierbarkeit sichtbar. Dieser Ausschluss kommt in Bernd Frohmanns, ein kanadischer Philosoph und Informationswissenschaftler, pointierter Formulierung: "Cyber Ethics: Bodies or Bytes"?[14] zum Ausdruck, wenngleich es sich hier insbesondere um die menschliche Leiblichkeit handelt, die Frohmann an der körperlosen Netz-Anthropologie und der sich daraus ableitenden Netzethik von Pierre Lévy dingfest macht.[15] Eine "disembodied ethics of angels" ist aber ein Widerspruch.

Es gibt keine Engel-Ethik, wohl aber eine Botschaftsethik oder eine *Angel*-Ethik, sofern mit dem Begriff der Botschaft (*angelía*) ein Grundphänomen *menschlichen* Seins angesprochen ist, das auf der Grundlage der digitalen Vernetzung zur Signatur einer global-vernetzten Gesellschaft geworden ist. So gesehen ist Information ein soziales Phänomen. Es bezieht sich auf soziale Praktiken mit all ihren leiblichen Dimensionen: "ethics concerns the body"[16]. Eine digital-vernetzte Weltgesellschaft ist keine Gesellschaft von reinen Vernunftwesen. Sie ist aber auch keine Gesellschaft von idealisierten rationalen und moralischen Agenten, die lediglich kontrafaktisch eine "ideale Kommunikationsgemeinschaft" bilden (Habermas/Apel).

Zunächst gilt es aber anzudeuten, inwiefern die Bildung der digitalen Weltvernetzung durch die besondere Weise unseres leiblichen Im-Raum- und In-der-Zeit-Seins ermöglicht wird. In *Sein und Zeit* hebt Heidegger unsere Seinsart im Raum vom bloßen Vorkommen eines "Körperdings" an

---

14 Bernd Frohmann: Cyber Ethics: Bodies or Bytes? In: International Information & Library Review. 32/2000. S. 423-435.
15 Pierre Lévy: Die kollektive Intelligenz. Eine Anthropologie des Cyberspace. Mannheim 1997.
16 Bernd Frohmann: Cyber Ethics. a.a.O. S. 428.

einer Stelle im "Weltraume" sowie vom "Zuhandensein an einem Platz" hervor[17]. Das Im-Raum-Sein des Menschen wird durch die Charaktere der "Entfernung" und der "Ausrichtung" bestimmt. "Ent-fernung" meint unsere "Tendenz auf Nähe". Die Brille ist mir abstandsmäßig näher als ein Bild an der gegenüberliegenden Wand. Dieses ist mir aber existenziell näher, sofern ich es *entfernend* in die Nähe bringen *kann*. Das bedeutet, dass wir zwar immer räumlich hier, aber *zugleich dort* sind. In der Weise des Entfernens sind wir ein "Wesen der Ferne". Wir können im "Umkreis" unserer Entfernungen "nicht umherwandern", sondern wir können sie "immer nur verändern". Indem wir entfernen, orientieren wir uns immer schon in eine bestimmte Richtung, die mit Hilfe eines "Zeichens" angegeben werden kann. Heideggers Beispiele zeigen nicht nur das Im-Raum-Sein des Daseins als Bedingung der Möglichkeit für die aufkommenden *Entfernungstechnologien*, sondern auch die besondere Problematik, die diese mit sich bringen und zwar sowohl beim "Besorgen" als auch beim "fürsorglichen" zwischenmenschlichen Verhältnis. Menschliche Leiblichkeit wird in ihrer Andersartigkeit gegenüber der "Körperhaftigkeit" ausgelegt. Wir sind nicht nur leiblich, sondern wir "leiben" sozusagen unsere Existenz.

Auch das menschliche In-der-Zeit-Sein hat einen existenzialen Charakter, der uns zum Beispiel von der "Jetzt-Zeit" eines Uhrzeigers unterscheidet. Menschliche Zeitlichkeit ist nach den drei Zeitdimensionen, Vergangenheit, Gegenwart und Zukunft, gegliedert, wobei eine Pointe dieses Ansatzes darin besteht, dass diese Dimensionen *gleichursprünglich* sind. Dadurch wird das Primat der Anwesenheit als Leitfaden für den metaphysischen Weltentwurf *falsifiziert*, indem es nämlich nachgewiesen wird, dass das Sein *dieses* Seienden sich nicht in Gegenwart ausschöpft, sondern sich auf Vergangenheit und in die Zukunft ausstreckt, und dass sogar die Zukunft ein gewisses Primat hat, sofern *Ek-sistieren* als ethische Sorge um das *Zu-Sein* ein Antworten auf (gewesene) Möglichkeiten ist.

Von hier aus lässt sich zeigen, inwiefern menschliches Existieren eine Grundlage für die heutige Weltvernetzung bildet und zugleich Möglichkeiten und Grenzen dieses Weltentwurfs zum Vorschein kommen lässt. Wenn wir im Netz sind, sind wir gewissermaßen ort-, zeit- und leiblos. Der Philosoph Andreas Greis hebt mit Recht hervor, dass "Entörtlichung", "Entzeitli-

---

[17]   Martin Heidegger: Sein und Zeit. Frankfurt a.M. 1976. S. 104 ff.

chung" und "Entkörperlichung" die Strukturmerkmale des Virtuellen im Internet darstellen[18]. Das erklärt, warum Pierre Lévy eine *engelische* Anthropologie des *Cyberspace* und eine 'Ethik' für reine Vernunftwesen entwickeln konnte. Die Ort-, Zeit- und Leiblosigkeit der digitalen Weltvernetzung bildet den Grund für die *Geisterhaftigkeit* virtueller Erfahrungen. Dabei ist auch zu bedenken, dass die "Entzeitlichung" das metaphysische Primat der Anwesenheit in Form der ständigen virtuellen Verfügbarkeit im Medium des Digitalen wiederherstellt. Frohmann bringt durch seine Kritik diese aus der *physis* herausgelöste Sphäre zum Platzen. Er tut dies unter Berufung auf den *menschlichen Leib* als diejenige Dimension, wovon der digitale Weltentwurf absieht, mit der Möglichkeit der Erweiterung oder Zerstörung der "alltäglichen Umwelt", die wir leiblich mit den anderen teilen. Diese Kritik lässt sich auf die *physis* insgesamt ausweiten. Mit anderen Worten, eine Netzethik, die keine bloße Bereichsethik sein will und den doppelten Genitivus bedenkt, hat die Aufgabe, nicht nur die Besonderheiten dieses *Ethos* zu erfassen, sondern zugleich das Verhältnis des digitalen Weltentwurfs sowohl in Bezug auf die *physis* als auch auf die Weltoffenheit selbst freizulegen.

Wenn *wir* diejenigen sind, die im Netz sind, dann heißt dieses Im-Netzsein immer schon ein zugleich Hier- und Dort-Sein, wenngleich die Weise des *digitalen Entfernens* nicht dieselbe wie die des *leiblichen Entfernens* ist. Daraus lässt sich eine ethische Grundorientierung für eine Netzethik ableiten, sofern nämlich die Verhältnisse des "Besorgens" und der "Fürsorge" auf soziale Praktiken mit ihren leiblichen Dimensionen auszurichten sind.

Ich meine hiermit den nicht nur digitalen, sondern auch *physischen Ausschluss* ganzer Gesellschaften, sofern sie nicht nur nicht vernetzt sind, sondern auch im Falle ihrer Vernetzung letztlich im Hinblick auf die leibliche Existenz und die damit verbundenen Leiden und Nöte der Mehrheit ihrer schwächsten Mitglieder nichts davon haben. Das ist die Grundproblematik dessen, was zwar *digitale Spaltung* (*digital divide*) genannt wird, ohne aber zu merken, dass dieser Spaltung eine Spaltung vom *Physischen* vorangeht, die mit einer vermeintlichen *Überwindung* des *digital divide* u.U. ver-

---

[18] Andreas Greis: Identität, Authentizität und Verantwortung. Die ethischen Herausforderungen der Kommunikation im Internet. München 2001.

tieft wird. In Anschluss an Vattimos "schwaches Denken"[19] können wir eher von einer *Verwindung* oder von einem sich *gegenseitig* abschwächenden Verhältnis zwischen der *physis* und dem Digitalen sprechen. Das soll dazu führen können, dass wir als Mitspieler ein *Wohnen* lernen, das auf Absolutheitsansprüche verzichtet.

Dies kann auch die Möglichkeit gewaltloser Emanzipation eröffnen. Im Klartext: Eine netzethische Reflexion muss fragen lernen, wie sich digitale Handlungen im Netz *auch und vor allem* auf das leibliche Miteinandersein der Menschen auswirken, unabhängig davon, ob die Betroffenen einen geographischen Ort oder eine gemeinsame Kultur in ihrem leiblichen Alltag teilen oder nicht. Und umgekehrt: Sie muss auch fragen (lernen), wie sich verfestigte und voneinander abgeschottete Strukturen in der *physischen* Welt aufgrund der digitalen Vernetzung öffnen können, auch wenn die Möglichkeit eines leiblichen Miteinanderseins damit nicht erfüllt ist.

Wir sind immer schon innerhalb von *Bedeutungs- und Verweisungszusammenhängen* eingebettet, die wir *miteinander teilen*. Es macht das Besondere des Im-Netz-Seins aus, dass bestehende geografische oder kulturelle Grenzen überschritten werden. Dabei entsteht eine neue Form von alltäglicher Vertrautheit, die auf dem digital-vernetzten Miteinandersein basiert und sich (relativ) unabhängig vom gewöhnlichen raum-zeitlichen *Leiben* vollzieht, wenngleich diese Vollzüge ebenso sehr in der Weltoffenheit gründen. Damit haben wir eine ethische Doppelbewegung, nämlich das Überschreiten der alltäglichen Umwelt im Cyberspace und die Resituierung der ort- und zeitlosen Netzerfahrung im Hinblick auf die leiblichen zeit- und ortabhängigen Bedürfnisse.

Sofern das Im-Netz-Sein sich als eine Flucht vor der alltäglichen Umwelt und der Fürsorge um das Miteinandersein, einschließlich der eigenen Leiblichkeit manifestiert, ist dies ein Anzeichen für ein Sich-verschließen des Daseins im digitalen Weltenwurf. Und umgekehrt: Eine Abschottung in der alltäglichen Umwelt verhindert den Prozess des vernetzten *Entfernens*. Dies gilt ganz besonders für sprachliche Mitteilungen. Es gilt aber um so mehr für die Digitalisierung der Produktion und des Austausches von Waren, also für die digitale Ökonomie im Sinne einer sich verselbständigten Sphäre. Eine

---

[19]   Gianni Vattimo: Das Ende der Moderne (dt. Übersetzung und Nachwort v. Vf.). Stuttgart 1990.

Netzethik umfasst somit sozial- und wirtschaftsethische Aspekte und stellt sich kritisch gegenüber einem *Fetischismus* des Digitalen auch im ökonomischen Bereich.

Als Weltbildner haben wir eine auf das physische und digitale *Wohnen* ausgerichtete *ethische* Aufgabe bei der semantischen und pragmatischen Konstruktion des Netzes. Ich nenne diese Aufgabe *artifizielle Hermeneutik*.[20] Die digitale Ontologie basiert zwar auf Punkt und Zahl und ihrer Einprägung im elektromagnetischen Medium, aber sie ermöglicht dadurch die Entfaltung jener semantischen und pragmatischen Räume und Strukturen - von den persönlichen Websites, über die Suchmaschinen, bis hin zu (multimedialen) Diensten wie E-mail, Newsgroups, Internet-TV, Internet-Radio, Internet-Telefonie oder Video-Konferenzen -, die eine digitale Offenheit erst zu einer *menschlichen* digitalen *Welt*offenheit machen. Sowohl die philologische als auch die philosophische Hermeneutik haben bisher weitgehend versäumt, besser: versagt, die Kunst des *hermeneuein* im Medium des Digitalen zu thematisieren. Wir haben eine "Hermeneutik im Rückblick" (Gadamer), aber kaum eine im Vorblick. Gadamers Hermeneutik spielt das *face-to-face* gegen das *interface* aus. Das "Abrufen von Daten aus Datenbanken" wird der "verklärenden Zaubermacht des Erinnerns" gegenübergestellt.[21] Wahr ist, dass die digitale Weltvernetzung die traditionellen Machtverhältnisse der "Gutenberg-Galaxis" (MacLuhan) und die Oligopole der Massenmedien *fragwürdig macht* und sie *abschwächen kann*, wobei neue Machtkonstellationen und digitale Gefahren - von Viren bis zu *Cyberwars* - entstehen.

Eine artifizielle Hermeneutik muss zeigen[22]:
Inwiefern die digitale Weltvernetzung neue Formen von Traditionen möglich macht, und wie sie sich zueinander verhalten.

---

[20] Vgl. ders.: Hermeneutik im Vorblick. In: http://www.capurro.de/hermwww.html.

[21] Hans-Georg Gadamer: Hermeneutik im Rückblick. In: Ders.: Gesammelte Werke. Band 10. Tübingen 1995. S. 220.

[22] Vgl. dazu Günter Figal: Der Sinn des Verstehens. Stuttgart 1996.

Inwiefern die digitale Virtualität eine besondere Form zeitloser Präsenz darstellt und wie das in einer digitalen Teilöffentlichkeit erstrebte oder erreichte Verständnis mit anderen Perspektiven integriert werden kann.

Wie die unvorhersehbaren Verstehens- und Nicht-verstehens-Konstellationen, die sich lokal oder global im Netz ereignen (oder nicht ereignen), artikulieren, und wie sie sich auf entsprechende Freiräume von Traditionen beziehen (oder nicht).

Entscheidend und Voraussetzung dafür scheint mir aber die Einsicht zu sein, dass Hermeneutik als Kunst des Verstehens auf dem Phänomen der Verkündung oder des Bringens einer Botschaft (gr. 'angelia') basiert. Ich spreche von *Angeletik* als Gegenstück zur Hermeneutik. Eine solche *Theorie der Botschaft* liegt in Ansätzen vor[23]. Jean-Luc Nancy schreibt in einer hier *in extenso* wiedergegebenen weil besonders *denkwürdigen* Stelle:

"Gleichsam auf der äußersten Spitze des hermeneutischen Denkens - eine Spitze, die so fein ist, daß dieses Denken sie oft selbst vergißt, obwohl es darauf zuläuft und auch dort ankommt - gibt es freilich etwas, das der Interpretation trotzt und sie von innen her zerreißt. Gezeigt hat sich das insbesondere in der ‚Deutung' der ‚Bedeutung' des griechischen *hermeneuein*, die Heidegger vorschlägt; er bietet als den neuesten Sinn dieses Wortes seinen ältesten an und versteht ihn als den Sinn der Übermittlung einer Botschaft, der Ankündigung einer Neuigkeit. Der Bote ist nicht die Bedeutung der Botschaft, er interpretiert sie auch nicht, er gibt ihr keinen Sinn und gibt ihr nicht den Sinn - während in einem anderen *Sinne* die Haltung des Boten, sein Stil, sein eigenes Verhältnis zum Inhalt der Botschaft (den er nicht unbedingt kennen oder verstehen muß) die Bedeutung derselben begleiten beziehungsweise befallen, das Signifikat durch die Art und Weise seiner Präsentation gleichsam vom Rande her angreifen kann. Und darin bestünde der erste Wert der ‚Vorstellung': Die Philosophie erschafft keinen Sinn, vermittelt keine Bedeutungen (oder zumindest ist das keine Beschäftigung, die ihr eher zukäme als anderen Diskursen), sondern stellt den Sinn vor; und sie stellt ihn vor, weil der *Sinn des Sinns*, vor aller Bedeutung, vor allem darin liegt: präsentiert zu werden, sich zu präsentieren. Die ‚Botschaft' - ein

---

23   Vgl. ders.: Theorie der Botschaft. In: http://www.capurro.de/botschaft.htm

Begriff, der lange die Idee einer reichen, an Motiven und Entwürfen über-
reichen Bedeutung konnotiert hat und aus diesem Grunde jedesmal ins Spiel
gebracht wurde, wenn in der Moderne die literarische Funktion in Frage
stand -, die Botschaft ist eine Bedeutung *mit einer Adresse*, das heißt einer
Bestimmung und einer Präsentation. (Diese von Heidegger herausgearbeitete
Grenze der Hermeneutik entspricht gewiß in etwas Wesentlichem der Ben-
jaminischen Idee der Übersetzung, wie sie andererseits auch mit dem Witt-
gensteinschen Motiv des Zeigens im Gegensatz zum Erklären zusammen-
hängt.) "[24]

"The medium is the message" (MacLuhan). Wir scheinen inzwischen zu
wissen, was Medien sind. Was ist aber eine *message*? Die digitale Weltvernetzung hat zwei Seiten, eine angeletische und eine hermeneutische. Wir
leben in einer *message society*[25].

Ausblick

Diese Begründung der Netzethik hat eine *schwache Botschaft*. Sie stützt
sich nicht auf ewige oder universale Prinzipien, und sie zielt nicht primär
auf die Aufstellung von ethischen Normen. Sie bewegt sich in einem *lebensweltlichen* Vorfeld, bei dem es um Hinweise geht, wie im Rahmen des
digitalen Weltentwurfs das Verhältnis von Mensch und Welt so *gebildet*
werden kann, dass die *Kontingenz* menschlichen Miteinanderseins in der
Welt zum Vorschein kommt. Zu dieser Kontingenz gehört zweifellos unsere
physis. Dementsprechend hat unsere *ethische* oder auf das menschliche
Wohnen in der Welt ausgerichtete Reflexion einen weniger normativen
oder imperativen und mehr indikativen Charakter, der im Rahmen einer
Philosophie der Lebenskunst zu reflektieren ist.

Wir entwerfen auf der Grundlage unserer Faktizität, was und vor allem
wer wir in der Welt sind. Dadurch entsteht paradoxerweise unsere Orientie-

---

[24] Jean-Luc Nancy: Das Vergessen der Philosophie. Wien 2001. S. 94-95.

[25] Vgl. ders.: Ethical Challenges of the Information Society in the 21st Century.
In: International Information & Library Review. 32/2000. S. 257-276.
http://www.capurro.de/EEI21.htm.

rungs*suche* nach einer Seins*bestimmung*, die aufgrund unseres vorgängigen In-der-Welt-Seins sowie der uns bedingenden *physis* selbst nicht beliebig sein kann. Was unserem Sein weder beliebig noch logisch 'folgt', sind unsere jeweiligen Weltentwürfe, die zusammen mit der *physis* um einen Ab-Grund kreisen. Eine existenzial-ontologische Reflexion hat die Aufgabe, genau diese Spannung freizulegen. Sie tut dies in diesem Fall am Leitfaden des digitalen Weltentwurfs, der sich in seiner Bestimmtheit zeigen kann, wenn er im Spannungsverhältnis zur Unbestimmtheit menschlichen Handelns sowie zur uns bedingenden *physis* entdeckt wird. Die primäre Aufgabe ein Netzethik besteht dann darin, unser Im-Netz-sein im Kontext von Weltoffenheit und *physis* sehen zu lassen.

Sofern menschliches Sehen ein von der *Sorge* um die eigene Existenz geleitetes Sehen ist, kann diese Reflexion eine *ethische* genannt werden. Die Anforderungen an eine Netzethik wachsen dementsprechend aus der Fürsorge für unser leibliches Miteinander sowie für die uns *mit*bedingende Natur. Unser sphärologisches Im-Netz-sein muss dauernd sich den Herausforderungen unseres *physischen* Miteinanderseins stellen und dabei, im doppelten Sinne des Wortes, *endlich* platzen.

Zu den Autoren

CLAUDIA SCHMÖLDERS, PD Dr. phil., geboren 1944, langjährige Verlagslektorin, Herausgeberin, Studium in Köln, Zürich, Berlin; promovierte 1973 in Germanistik, habilitierte sich im Fach Kulturwissenschaften an der Humboldt Universität zu Berlin 1996; seit 1998 Privatdozentin. Ihr Forschungsschwerpunkt ist die Geschichte der Physiognomik.
Veröffentlichungen (Auswahl): Das Vorurteil im Leibe. Eine Einführung in die Physiognomik. Berlin 1997. Die Erfindung der Liebe. Berühmte Zeugnisse aus drei Jahrtausenden, München 1996. Hitlers Gesicht. Eine physiognomische Biographie, München 2000.

MARTIN SCHERER, Dr. phil., geboren 1966, Studium der Philosophie, Psychologie und Geschichte. 1996 promoviert, seit 1998 Redakteur bei „focus". 1999 Gründung von „impetus", Agentur für philosophische Beratung und Leitbildkonzeption.
Veröffentlichung: Der Gentleman. Plädoyer für eine Lebenskunst, München 2003.

ARND BRUMMER, geboren 1957, arbeitete als Kultur- und Politikredakteur bei mehreren Tageszeitungen, leitete eine Radiostation und berichtete aus der damaligen Bundeshauptstadt Bonn als Korrespondent über Außen-, Verteidigungs- und Gesellschaftspolitik, wechselte 1991 zum Deutschen Allgemeinen Sonntagsblatt. Zur Zeit Chefredakteur von *chrismon* und Geschäftsführer des Hansischen Druck- und Verlagshauses.
Veröffentlichung (Auswahl): Der Fluch des Taxifahrers. Essays und Kolumnen, Hamburg 2003.

DOMINIK BACHMAIR, 1998 Magister in amerikanischer Geschichte und amerikanischer Literaturwissenschaft, Journalist und Moderator, bis 1992 im Lokalradio in Augsburg, dann im Bayerischen Rundfunk. Seit 2000 ist er überwiegend als Moderator der PRO 7 Sendungen BIZZ und TAFF tätig. Von 1998 bis 2001 war er darüber hinaus mit der Konzeption und Realisation von crossmedialen Literaturveranstaltungen für Bertelsmann Online beschäftigt und verknüpfte die Medienbereiche Fernsehen, Internet und literarische Lesungen.

MATTHIAS RATH, Prof. Dr. phil., geboren 1959, studierte Philosophie, Pädagogik, Psychologie und Soziologie, Diplom in Pädagogik, Promotion und Habilitation in Philosophie, leitete das Referat Grundsatzfragen der Bertelsmann AG in Gütersloh und wurde später Leiter der Presse- und Öffentlichkeitsarbeit der Bertelsmann Buch AG in München, seit 1996 Professor für Philosophie an der Pädagogischen Hochschule Ludwigsburg.

Veröffentlichungen (Auswahl): (Hrsg.): Medienethik und Medienwirkungsforschung. Wiesbaden 2000. Die Anthropologie des Medialen. Zur anthropologischen Selbstaufrüstung des animal symbolicum. In: Thomas Hausmanninger, R. Capurro (Hrsg.): Netzethik. Grundlegungsfragen der Internetethik. München 2002, S. 79-88. Media Assessment: The Future of Media Ethics. In: A. Schorr, B. Campbell & M. Schenk (Eds.): Communication Research and Media Science in Europe: Perspectives for Research and Academic Training in Europe's Changing Media Reality. Berlin, New York 2003, S. 198.

HERMANN TIMM, Prof. Dr. phil., Dr. theol., Jahrgang 1938, Studium der evangelischen Theologie und der Philosophie in Kiel, Berlin, Göttingen und Heidelberg; lehrte bis 2003 Systematische Theologie an der Universität München.

Veröffentlichungen (Auswahl): Sprachenfrühling. Perspektiven evangelisch-protestantischer Religionskultur, Stuttgart 1996. Dichtung des Anfangs. Die religiösen Protofiktionen der Goethezeit, München 1996. Wie kommen wir ins nächste Jahrtausend? Die Theologie vor dem Millennium des Geistes, Hannover 1998.

KLAAS HUIZING, Prof. Dr. phil., Dr. theol., Jahrgang 1958, studierte in Münster, Kampen (NL), Hamburg, Heidelberg und München Philosophie. 1986 Promotion in Philosophie; 1991 Promotion in Theologie, 1993 Habilitation in Theologie; seit 1998 ordentlicher Professor für Systematische Theologie und theologische Gegenwartsfragen in Würzburg; Schriftsteller, seit 1998 im P.E.N.

Veröffentlichungen (Auswahl): Ästhetische Theologie, 3 Bde. Stuttgart 2000ff. Das Ding an sich. Ein Kant-Roman, München 1998. Der letzte Dandy. Ein Kierkegaard-Roman, München 2003.

MARKUS BUNTFUß, PD Dr. theol., Jahrgang 1964, studierte in Tübingen und München Evangelische Theologie. 1996 Promotion; 1996 bis 1999 Vikariat in der Bayerischen Landeskirche; 2003 Habilitation; arbeitet zur Zeit als wissenschaftlicher Assistent am Lehrstuhl für Systematische Theologie und theologische Gegenwartsfragen an der Philosophischen Fakultät III der Julius-Maximilians-Universität Würzburg.

Veröffentlichungen (Auswahl): Tradition und Innovation. Die Funktion der Metapher in der theologischen Theoriesprache, Berlin/New York 1997. Das Christentum als ästhetische Religion. Wilhelm Martin Leberecht De Wette, in: Christian Albrecht/Friedemann Voigt (Hrsg.): Vermittlungstheologie als Christentumstheorie, Hannover 2001. Inkarnation als Interaktion. Zur religiösen Distanzreduktion der Inkarnationsmetapher, in: Jörg Frey/Jan Rohls/Ruben Zimmermann (Hrsg.): Metaphorik und Christologie, Berlin/New York 2003.

HORST F. RUPP, Prof. Dr. theol., geboren 1949 in Rothenburg o.d. T., Studium der evangelischen Theologie, der Psychologie, Germanistik und Geschichte in Erlangen und Zürich. Erstes und zweites Staatsexamen für den Gymnasialdienst, erstes theologisches Examen für das geistliche Amt. 1985 Promotion zum Dr. theol. an der Universität Erlangen. 1993 Habilitation für Praktische Theologie/Religionspädagogik an der Universität Frankfurt. Seit Wintersemester 1993/94 Inhaber des Lehrstuhls für Evangelische Theologie mit dem Schwerpunkt Religionspädagogik und Didaktik des Religionsunterrichts an der Universität Würzburg.

Veröffentlichungen (Auswahl): Religion-Bildung-Schule. Studien zur Geschichte und Theorie einer komplexen Beziehung. Weinheim 1994, 2. Auflage 1996. Lebensweg und religiöse Erziehung. Religionspädagogik als Autobiographie. 3 Bände Weinheim 1989-2000 (zus. mit R. Lachmann). Vom Leben und Sterben – Juden in Creglingen. Würzburg 1999. 2. Auflage 2001 (zus. mit H. Behr).

RAFAEL CAPURRO, Prof. Dr. phil., geboren 1945 in Montevideo, Uruguay. Studium der Geisteswissenschaften und Philosophie in Chile und Argentinien. Lizentiat in Philosophie an der Universidad del Salvador (Buenos Aires 1970). Studium der Dokumentation am Lehrinstitut für Dokumentation (Frankfurt a. M. 1972-73). Promotion in Philosophie an der Univ. Düsseldorf

(1978): Information. Referent des Geschäftsführers des FIZ Karlsruhe (1980-1985). Professor für Informationswissenschaft und Informationsethik an der FH Stuttgart (HdM) (seit 1986). Habilitation für Praktische Philosophie an der Universität Stuttgart (1989): Hermeneutik der Fachinformation. Privatdozent an der Universität Stuttgart. Mitglied des "European Group on Ethics" (EGE) der EU-Kommission (2001-2004). World Technology Network Award Nominator, Ethics (2002, 2003).

Veröffentlichungen (Auswahl): Leben im Informationszeitalter, Berlin 1995. Thomas Hausmanninger, R. Capurro (Hrsg.): Netzethik. Grundlegungsfragen der Internetethik, München 2002. Ethik im Netz, Stuttgart 2003.

Symbol – Mythos – Medien

herausgegeben von Prof. Dr. Dr. Klaas Huizing
(Universität Würzburg),
Prof. Dr. Michael Meyer-Blanck (Universität Bonn)
und Prof. Dr. Dr. Hermann Timm
(Universität München)

Martin Laube (Hg.)
Himmel – Hölle – Hollywood
Religiöse Valenzen im Film der Gegenwart
Seit einigen Jahren richtet die Theologie ihr
Augenmerk verstärkt auf die vielfältigen Dimensionen und Facetten „gelebter Religion" im
Horizont der modernen Kultur. Dabei nimmt die
Frage nach den religiösen Valenzen in der po-
pulären Alltagskultur besonderen Raum ein. Der
vorliegende Band geht dieser Frage am Beispiel
des Kinofilms der 90er Jahre nach. Die Liste der
behandelten Filme reicht von *Flatliners* und *Pulp
Fiction* über *Forrest Gump* und *Titanic* bis hin
zu *Lola rennt, Das Leben ist schön* und *Matrix*.
Zwei zusätzliche Studien über den Filmschluß
und die *StarTrek*-Serien runden den Band ab.
Die einzelnen Beiträge bieten exemplarische
Filmanalysen und bedienen sich dabei unter-
schiedlicher methodischer, filmwissenschaftlicher
und religionstheoretischer Ansätze. Auf diese
Weise entsteht ein repräsentativer Überblick über
das weitgefächerte Spektrum der Debatte um das
Verhältnis von Religion und Film.
Bd. 1, 2002, 224 S., 20,90 €, br., ISBN 3-8258-5567-8

Gisela Natt
Symbol und Mythos
Zwei Denkbegriffe zur Bibelhermeneutik des
19. und 20. Jahrhunderts
Die Wiederentdeckung der Schriftlichkeit beschäftigt die Theologie. Die Krise des Schriftprinzips
ist vorbei und eine neue Lesekultur beflügelt die
Rückkehr zur Bibel. Leser und Werk entdecken
sich gegenseitig. Doch welche Vorgeschichte hat
diese Rückkehr? Die Abhandlung über Symbol
und Mythos wendet sich diesem Thema in theo-
logiegeschichtlicher Perspektive zu. Sie arbeitet
an ausgewählten Entwürfen die Begründungspro-
blematik auf, in die sich seit der Aufklärung jede
Bibellektüre gestellt sieht. Sie entdeckt dabei ein
Auseinandergehen zwischen Exegese und Praktischer Theologie. Deshalb möchte sie die aktuelle
Diskussion um die Bibel als Lesestoff historisch
fundieren und auf ihren Platz im Ganzen der
Theologie aufmerksam machen.
Bd. 2, 2000, 248 S., 25,90 €, br., ISBN 3-8258-4594-x

Burkhard Möring-Plath
Das Symbol und die unterrichtete Religion
Eine Grundlegung für ein religionspädagogisches Symbolkonzept
Das thematische Schwergewicht vorliegender
Studie und ihre Zielsetzung liegen in dem Vor-
haben, die Symboldidaktik durch ein tragfähiges
Theoriekonzept zu untermauern und damit dann
auch einer symboldidaktischen Praxis des RU eine bessere Orientierung zu geben. Orientiert sich
die Symboldidaktik an einer religionstheologisch
begründeten, kulturphilosophisch verorteten und
semiotisch reflektierten Symboltheorie verliert sie
alles hintergründig Geheimnisvolle, spekulativ
Aufgeladene und scheinbar Mächtige der Symbole. Im Durchgang durch die Religionstheorie
Schleiermachers, die Kulturphilosophie Cassirers
und die Zeichentheorie Peirce werden Symbole
bestimmt als Zeichen, die einer ganz bestimmten
operationalen Semantik gehorchen. Symbole sind
Zeichen, die in einem Prozeß immer kulturell
vermittelt sind, religiös kommen sie dann zu
stehen, sofern Individuen mit ihnen einen letztin-
stanzlichen Sinn verbinden, dem eine bestimmte
Verhaltensdisposition folgt. So ist Religionsdidaktik immer auch Symboldidaktik.
Bd. 3, 2001, 304 S., 25,90 €, br., ISBN 3-8258-5116-8

Antje Wüpper
Wahrnehmen lernen – Aspekte religionspädagogischer Bildbetrachtung am Beispiel religiöser Kunst des Expressionismus
Ein Beitrag zum religionspädagogischen Um-
gang mit Kunst
Kunstwerke können eine religiöse Erfahrungsdi-
mension vermitteln und der Entwicklung einer
eigenen 'Glaubensvorstellungswelt' dienen. Mit
expressionistischen Kunstwerken lassen sich theologisch relevante Themen erarbeiten. Auf diese
Weise kann über Bilder ein Beitrag geleistet werden, die christliche Religion als lebensbegleitend
zu vermitteln. Anhand beispielhafter Bildanalysen
wird dies dargelegt.
Sowohl Expressionisten wie auch heutige Schüler verbindet die Schwierigkeit der Sinnfindung
angesichts der Pluralität der Weltdeutungen. Mit
Hilfe von Gemälden expressionistischer Künstler
soll ein Beitrag zur Identitätsfindung heutiger
Jugendlicher geleistet werden.
Bd. 4, 2001, 360 S., 30,90 €, br., ISBN 3-8258-5162-1

LIT Verlag Münster – Hamburg – Berlin – London
Grevener Str./Fresnostr. 2 48159 Münster
Tel.: 0251 – 23 50 91 – Fax: 0251 – 23 19 72
e-Mail: vertrieb@lit-verlag.de – http://www.lit-verlag.de

Uwe Böhm; Gerd Buschmann
Popmusik – Religion – Unterricht
Modelle und Materialien zur Didaktik von
Popularkultur. Überarbeitete und ergänzte
Auflage mit einem Literaturbericht von Manfred L. Pirner
Neben erprobten Modellen für den Religionsunterricht, den Konfirmandenunterricht und die
Jugendarbeit enthält das Buch eine Grundlegung
im Sinne einer religionspädagogischen Grundsatzreflexion zur popmusikalischen Religiosität, eine
empirische Studie zur Verwendung von Popmusik
im Religionsunterricht und eine Auseinandersetzung mit einer spezifischen Spielart aktueller
Popmusik (Techno).
In den exemplarischen Analysen verschiedener
Stilrichtungen (z. B. Punk, Mainstream, Rap)
werden inhaltlich nicht nur zentrale biblische
Themen (z. B. Exodus, Gleichnis, Schöpfung,
Gebet, Apokalyptik) aufgenommen, sondern
auch problemorientierte Zugangsweisen (z. B.
Sehnsüchte, Theodizee, AIDS, Religionskritik)
angeboten.
Bd. 5, 2002, 296 S., 20,90 €, br., ISBN 3-8258-5179-6

Christian Brenner
**Der Computer als Medium im
Religionsunterricht?**
Ein fachdidaktischer Beitrag zur Mediendidaktik im Zeitalter von Multimedia
Sowohl aus theologischer wie didaktischer Perspektive gehört die Beschäftigung mit Medien
zum Alltagsgeschäft von Religionspädagoginnen
und -pädagogen. Folglich darf auch die Auseinandersetzung mit dem Medium Computer vor
dem evangelischen Religionsunterricht nicht Halt
machen. Vereinzelt wurde bereits in religionspädagogischen Publikationen über die Bedeutung
computerbezogener Arbeitsformen für den RU
nachgedacht.
Diese Arbeit wendet sich dem Thema nun aus
fachdidaktischer Perspektive zu. Es wird grundlegend dargestellt, welche Möglichkeiten sich durch
die Verwendung des Computers sowohl für die
Vorbereitung als auch den Einsatz im Unterricht
ergeben.
Bd. 6, 2003, 392 S., 24,90 €, br., ISBN 3-8258-6497-9

Athanassios Stogiannidis
**Leben und Denken: Bildungstheorien
zwischen Theosis und Rechtfertigung**
Eine Untersuchung zum Verhältnis von
Evangelischer und Orthodoxer Religionspädagogik. Mit einem Geleitwort von Michael
Meyer-Blanck
Das vorliegende Buch dokumentiert die genaue
Denkbemühung eines orthodoxen Theologen um
die evangelische Tradition. Die Spannung zwischen einem Verständnis ontologischer Theosis
auf der einen Seite und dem auf einer relationalen Anthropologie fußenden Bildungsverständnis
auf der anderen Seite ist immer wieder zu spüren
und wird darüber hinaus explizit benannt und
diskutiert. Damit greift das Thema weit über
die engeren Fragen der Fachdidaktik hinaus in
die grundlegenden Themen der Anthropologie
und damit der systematischen Theologie. Gerade so ist aber zu erwarten, dass das Buch
zum Dolmetscher zwischen verschiedenen religionspädagogischen und generell theologischen
Grundorientierungen wird.
Bd. 8, 2003, 424 S., 34,90 €, br., ISBN 3-8258-6634-3

Heike Lindner
Musik im Religionsunterricht
Mit didaktischen Entfaltungen und Beispielen
für die Schulpraxis
Musik im Religionsunterricht: Eine Chance gegen
Traditionsabbruch und für religiöse Kompetenz in
der Schule! Diese These versucht Heike Lindner
didaktisch und exemplarisch zu entfalten. Internationale Vergleichstests haben Forderungen von
Schlüsselqualifikationen zur Folge. Sie sind vornehmlich auf die Wirtschaft bezogen und lassen
Kritikfähigkeit bzw. Unterscheidungskompetenz
vermissen. Diese Schülern zu vermitteln, ist genuine Aufgabe des RU! Aufgrund langjähriger
eigener Schulpraxis zeigt die Autorin Beispiele,
in denen v. a. mit absoluter Musik im RU interessante, interdisziplinäre Beiträge zum Erwerb von
religiöser Kompetenz geleistet werden können.
Bd. 9, 2003, 264 S., 19,90 €, br., ISBN 3-8258-6816-8

Wissenschaftliche Paperbacks
Theologie

Michael J. Rainer (Red.)
**"Dominus Iesus" – Anstößige Wahrheit
oder anstößige Kirche?**
Dokumente, Hintergründe, Standpunkte und
Folgerungen
Die römische Erklärung "Dominus Iesus" berührt
den Nerv der aktuellen Diskussion über den
Stellenwert der Religionen in der heutigen Gesellschaft. Angesichts der Pluralität der Bekenntnisse
soll der Anspruch der Wahrheit festgehalten werden.
Bd. 9, 2. Aufl. 2001, 350 S., 20,90 €, br.,
ISBN 3-8258-5203-2

Rainer Bendel (Hg.)
Die katholische Schuld?
Katholizismus im Dritten Reich zwischen
Arrangement und Widerstand
Die Frage nach der „Katholischen Schuld" ist

LIT Verlag Münster – Hamburg – Berlin – London
Grevener Str./Fresnostr. 2 48159 Münster
Tel.: 0251 – 23 50 91 – Fax: 0251 – 23 19 72
e-Mail: vertrieb@lit-verlag.de – http://www.lit-verlag.de

spätestens seit Hochhuths „Stellvertreter" ein öffentliches Thema. Nun wird es von Goldhagen neu aufgeworfen, aufgeworfen als moralische Frage – ohne fundierte Antwort.

Wer sich über den Zusammenhang von Katholizismus und Nationalsozialismus fundiert informieren will, wird zu diesem Band greifen müssen: mit Beiträgen u. a. von Gerhard Besier, E. W. Böckenförde, Heinz Hürten, Joachim Köhler, Johann Baptist Metz, Rudolf Morsey, Ludwig Volk, Ottmar Fuchs und Stephan Leimgruber.
Bd. 14, 2002, 368 S., 19,90 €, br., ISBN 3-8258-6334-4

Theologie:
Forschung und Wissenschaft

Ulrich Lüke
Mensch – Natur – Gott
Naturwissenschaftliche Beiträge und theologische Erträge
Bd. 1, 2002, 184 S., 17,90 €, br., ISBN 3-8258-6006-x

Wolfgang W. Müller
Gnade in Welt
Eine symboltheologische Sakramentenskizze
Sakramente sind Erkennungszeichen für die Suche des Menschen nach Ganz-Sein und Heil als auch des Zu-Sage der Heilsgabe Gottes an uns Menschen. Sakramente werden in der Theologie bedacht, in der Liturgie gefeiert. Vorliegender symboltheologischer Entwurf folgt einer Einsicht moderner Theologie, Dogmatik und Liturgiewissenschaft aufeinander bezogen zu denken. Die symboltheologische Skizze eröffnet einen interdisziplinären Zugang zum Sakramentalen.
Bd. 2, 2002, 160 S., 17,90 €, br., ISBN 3-8258-6218-6

Gabriel Alexiev
Definition des Christentums
Ansätze für eine neue Synthese zwischen Naturwissenschaft und systematischer Theologie
Eine wesentliche Führungsgröße im zwischenmenschlichen Gespräch ist die Eindeutigkeit der einschlägigen Begrifflichkeit, die erfahrungsgemäß durch möglichst klare und gültige Begriffsbestimmungen, also durch „Definitionen", zustande kommt.
Die vorliegende Arbeit bemüht sich unter Absehen konfessioneller Eigenheiten, wohl aber unter Einbezug naturwissenschaftlicher Ergebnisse (hier besonders der Biologie) um die Erarbeitung einer möglichst gültigen und klaren „Definition des Christentums".
Bd. 3, 2002, 112 S., 17,90 €, br., ISBN 3-8258-5896-0

Klaus Nürnberger
Theology of the Biblical Witness
An evolutionary approach
The "Word of God" emerged and evolved as divine responses to changing human needs in biblical history. By tracing the historical trajectories of six paradigms of salvation, such as ex-odus, kingship and sacrifice, through a millennium of biblical history, Nürnberger reveals a vibrant current of meaning underlying the texts which expresses growing insight into God's redeptive intentions and which can be extrapolated in to the present predicaments of humankind. Das Wort Gottes entstand und entfaltete sich als göttliche Antwort auf sich verändernde menschliche Notlagen. Indem Nürnberger die Bahn von sechs soteriologischen Paradigmen wie Exodus, Königtum und Opfer durch ein Jahrtausend biblischer Geschichte verfolgt, zeigt er einen Bedeutungsstrom auf, der eine wachsende Einsicht in Gottes Heilswillen bloßlegt und den man in die gegenwärtigen Nöte der Menschheit fortschreiben kann.
Bd. 5, 2003, 456 S., 34,90 €, br., ISBN 3-8258-7352-8

Herbert Ulonska; Michael J. Rainer (Hg.)
Sexualisierte Gewalt im Schutz von Kirchenmauern
Anstöße zur differenzierten (Selbst-)Wahrnehmung. Mit Beiträgen von Ursula Enders, Hubertus Lutterbach, Wunibald Müller, Michael J. Rainer, Werner Tzscheetzsch, Herbert Ulonska und Myriam Wijlens
Kirchen beanspruchen eine hohe moralische Autorität, wenn es um die Bewahrung der Würde des Menschen geht. Kirchen werden an den Pranger gestellt, wenn sexualisierte Gewalt gegen Kinder und Jugendliche durch ihre Amtsträger und Mitarbeitenden aufgedeckt wird. Angesichts des „Seelenmordes" dürfen Kirchenmauern das Unfaßbare nicht verschweigen und pädosexuellen Tätern keinen Schutz gewähren. Kirchen beginnen endlich zu handeln und das Schweigen zu brechen. Um aber präventiv handeln und konkret arbeiten zu können, ist vertiefendes Wissen dringend erforderlich. Anstöße für eine differenzierte Selbst-Wahrnehmung bieten die hier erstmalig zusammengeführten Perspektiven aus Kirchengeschichte und -recht, Religions-Pädagogik und Psychologie, Medien- und Multiplikatorenarbeit.
Bd. 6, 2003, 192 S., 17,90 €, br., ISBN 3-8258-6353-0

LIT Verlag Münster – Hamburg – Berlin – London
Grevener Str./Fresnostr. 2 48159 Münster
Tel.: 0251 – 23 50 91 – Fax: 0251 – 23 19 72
e-Mail: vertrieb@lit-verlag.de – http://www.lit-verlag.de